名师名校名校长

凝聚名师共识
回应名师关怀
打造名师品牌
培育名师群体

常教且学 常思而新

小学英语灵动课堂塑造及创新思维教学研究

陆梅红 著

陕西师范大学出版总社 西安

图书代号　JY24N2075

图书在版编目（CIP）数据

常教且学　常思而新：小学英语灵动课堂塑造及创新思维教学研究 / 陆梅红著. -- 西安：陕西师范大学出版总社有限公司，2024.9. -- ISBN 978-7-5695-4671-2

Ⅰ. G623.312

中国国家版本馆CIP数据核字第20246WG692号

常教且学 常思而新：小学英语灵动课堂塑造及创新思维教学研究
CHANG JIAO QIE XUE CHANG SI ER XIN : XIAOXUE YINGYU LINGDONG KETANG
SUZAO JI CHUANGXIN SIWEI JIAOXUE YANJIU

陆梅红　著

出 版 人	刘东风
出版统筹	杨　沁
特约编辑	李东震
责任编辑	马文星　李腊梅　汤　凡
责任校对	孙　哲
封面设计	言之凿
出版发行	陕西师范大学出版总社
	（西安市长安南路199号　　邮编 710062）
网　　址	http://www.snupg.com
印　　刷	北京政采印刷服务有限公司
开　　本	710 mm×1000 mm　　1/16
印　　张	13.25
字　　数	212千
版　　次	2025年3月第1版
印　　次	2025年3月第1次印刷
书　　号	ISBN 978-7-5695-4671-2
定　　价	58.00元

序 言
PREFACE

这本"常教且学　常思而新"的教育专著，是作者陆梅红老师结合其27年小学英语教学实践、改革创新的课题研究成果结晶。本人因作为广东省新一轮中小学名教师工作室主持人（2021—2023）指导专家的机缘，认识了陆老师。这些年，通过她主持的课题研究和其工作室的相关教研活动，本人逐渐了解到陆老师从一位普通小学英语老师逐渐成长为广东省肇庆市第一中学实验学校副校长的奋斗经历。她性格开朗，精力充沛，工作利落，虚心好学，不断进取。本书凝聚了她多年的心血，我有幸先睹为快，概而言之本书有以下几个特色：

第一，本书对长期以来实际存在于小学英语课堂的"以教为中心"的教育模式提出深刻反思。根据《义务教育英语课程标准（2022年版）》（以下简称"新课标"）和相关现代教育理念，本书倡导"以学为中心"，强调学生在教育过程中的主体地位，将教师的角色转变为学习的引导者和支持者。书中所阐述的观点和教学研究实践案例具有鲜明的时代特征，这些特征构成了陆老师独特的小学英语教学理念和方法，是教育现代化的重要实践形式之一。

第二，本书围绕陆梅红主持的课题"PEP'八步'语音教学模式在肇庆中心城区的实施研究""'思维三元'教学模式在PEP小学英语语篇教学中的实践研究"，由浅入深地阐述了灵动课堂的指向、内涵特征与理论基础，系统地论述了灵动课堂的定义、外在体现及价值等，深入探究了小学英语教学中培养思维能力的概念界定、可行性与必要性等，为广大同行在理解与践行灵动课堂、开展小学英语思维教学方面提供了有价值的参考和借鉴。

第三，本书围绕新课标的理念，突出语篇教学、思维能力的培养、小学英语课堂教学活动生动有机的展开等，结合小学英语的语音教学、词汇教学、课文语篇教学，以及听、说、读、看、写等小学英语课堂上的语言实践活动，生动地展示了小学英语课堂教学设计。本书提供了小学英语三年级到五年级的相关课例，如单元整体教学设计、课时教学设计和教学案例等，以期通过这些丰富的英语教学资源更加充分地与同行进行深入交流。

本书内容翔实、条理清晰、逻辑合理，兼具理论性与实践性，适用于从事小学英语教育研究的相关人员，以及一线小学英语教师和师范院校的学生。

华南师范大学外国语言文化学院　朱晓燕

2024年9月10日

前 言
FOREWORD

打造英语灵动课堂，培养学生核心素养

"打造灵动课堂，践行学生核心素养培育"是我矢志不渝的教育教学理想。课堂，作为新教育理念生根发芽的沃土，其核心价值在于核心素养的切实落地。为此，我们的课堂必须生动展现师生间生命的共鸣与互动，洋溢着灵动的气息，让每一位学生都能在其成长道路上尽情绽放。课堂，这片思维的沃土，是学生在教师精妙引领下主动探索、个性飞扬的舞台。在这里，学生的能力得以锤炼，思维得以拓展，智慧之光熠熠生辉。他们仿佛置身于思维的浩瀚宇宙，自由翱翔，享受着如春风拂面、春雨滋润般的滋养与启迪。灵动课堂，是和谐与活力的完美融合，是激情与智慧的交响乐章。它不仅是一个教学场所，更是师生智慧火花碰撞、共同闪耀的璀璨星空。"灵动"一词，蕴含了汉语的深邃与美妙，它象征着生机勃勃、变化无穷，既可用于形容声音的悠扬婉转，又能描绘人或物的活泼不呆板。在这样的课堂中，每一个细节都充满了生命的灵动与变化，让教育真正成为滋养心灵、启迪智慧的伟大事业。

一、专业成长与发展轨迹

1997年，我满载青春的梦想与对教育事业的满腔热忱，自广东外语师范学校毕业，随即踏入肇庆市第十五小学——这所省一级学校的殿堂，担任英语教学工作，正式开启了我的教师生涯。我深知，要在专业领域内拥有话语权，就必须勇立潮头，引领改革。初入职场，我便勇于担当，承担了口语实验课题的研究重任，成为肇庆市公办学校首位教授小学一年级英语的先驱，亦是首位历经小学一至六年级教学大循环的英语教师。这段宝贵的经历，无疑为我的专业发展铺设了坚实的基石。

2000年，我入职仅三年，首个课题成果"创英语口语特色之路，提高学生综合素质"便荣获广东省科研成果黄华奖三等奖。此后，我更是依托课题研究，深耕教育教学领域，至今已主持和参与课题十余项。其中，"PEP版小学英语语音教学模式在肇庆中心城区的实践研究"分别在2016年和2017年荣获广东省创新成果三等奖及肇庆市第五届科研成果评比三等奖；2022年12月，"'思维三元'教学模式在 PEP 小学英语语篇中的实践研究"在第八届肇庆市基础教育科研成果奖评选中被评为二等奖，标志着我在专业道路上的不断突破与成长。

我的专业成长之旅，历经了五个阶段：活力期，我追求灵动之"趣"，以游戏为媒介，激发学生的学习热情；发展期，我探索灵动之"活"，致力于创设真实语境，激发学生的参与欲望与课堂活力；成熟期，我关注灵动之"灵"，以学生为中心，注重思维能力的培养；高原期，我有幸成为广东省新一轮"百千万人才培养工程"第二批小学名师培养对象，在导师徐苏燕副教授的引领下，我走出了高原期，更加注重培养学生的思维品质与落实英语学科的核心素养；幸福期，我被评为广东省名教师工作室主持人，形成了自己的教育思想体系与教学风格，享受着学生成长带来的无尽喜悦。工作室的主张是：作为教师，我们的职责是根据每个学生的学习需求为他们创造一个积极而热情的学习环境，并且通过不断鼓励学生参与和积极成长，旨在培养强大的、懂自我指导的，有中国心的国际化学习者。

二、教育思想体系的形成

（一）三次研修，四大新解

广东省新一轮"百千万人才培养工程"为我提供了成长的舞台。几年的培训，我的教育理念、思想、工作方式与生活态度均发生了质的飞跃。导师徐苏燕副教授的"与优秀的人在一起是幸福的"这一理念，深深影响着我。在广东省"百千万人才培养工程"这个精英荟萃的集体中，我经历了江浙跟岗培训、澳大利亚跟岗研修、中国台湾研习等宝贵的经历，使我的教育教学思想得以重塑。

1.教育公平新解：在澳大利亚培训期间，我深刻理解了教育平等与教育公平的区别。真正的教育公平，是给予不同起点的学生不同的帮助。我反思自己的教学，意识到应关注个体的精神状态与情感需求，构建开放、灵动的课堂体系，实施分层教学，让每个学生都能得到适合自己的教育。

2.教育制度新解：南澳洲政府教育及儿童发展部国际教育处处长玛丽琳·斯立的话，让我认识到每个国家的教育体制都是符合本国国情的。我们应借鉴他国之长，结合本国、本校实际情况，实施教育教学。从此，我以积极的态度宣扬我国教育制度，引导教师们结合国情、校情、班情和生情进行教学。

3.国际教育新解：王振民博士关于国际教育的阐述，让我清晰认识到国际教育就是推动国际间宽容和理解的教育。我意识到，国际视野并非遥不可及，而是"宽容"和"理解"的教育。哪怕在农村，也应培养学生的国际视野。

4.自我修炼新解：江浙跟岗培训让我更加明确教师专业化成长的重要性。我学会了反思，懂得了教师的成长是自觉提升的结果。我努力将理论知识转化为实践能力，指导教学工作。这次培训让我从有力变得更加有心，学会了变换角度审视教育教学工作，在新理念的引领下不断反思、调整教育观。

（二）课题引领，风格形成

在探索灵动课堂的过程中，我选择了语音和思维教学作为切入点。拼读能力是英语学习的基础，对学生减轻记单词负担、提升阅读素养至关重要。作为学科带头人和名师，我致力于推动语音和思维教学，为同行们提供有效的语音教学模式。我以课题为引领，构建了开放、灵动的课堂体系，激发学生求知欲，开启课堂活力，使课堂教学成为焕发学生生命活力的殿堂。

三、结语

我始终关注学生的学习方式，坚信"如果孩子无法以我们教的方式学习，那么我们应该以他们学的方式去教"。这种理念让我不断探索创新教学方法，努力让每个学生都能在轻松愉快的氛围中收获知识、成长自我。回顾过往，我在打造英语灵动课堂的道路上不断探索与实践。通过儿童歌谣、歌曲和游戏实现灵动课堂的"趣"；通过辨音游戏、拼读活动实现灵动课堂的"活"；通过找相同字母、感悟发音实现灵动课堂的"灵"；通过图文阅读落实阅读核心素养；通过创编歌谣和故事及师生互动的动态生成和形式多样的课堂评价，实现灵动课堂的"个性灵动"。我期望我的课堂充满生命活力，尊重、关怀与理解生命；是开放的、自由的、智慧的，同时能提升师生生命质量的课堂。我紧紧依靠学生的内驱力，发展学生的学习天性，释放个体潜能，实现自主学习与自我发展。教师应注重课堂教学的动态生成、情境创设与师生互动，打破单向信息传递，激发学生求知欲与智慧，让课堂焕发活力与灵动性，促进学生生动活泼地发展。正是对教学的独特见解与不懈追求，使我逐渐形成了具有个性特点的教学风格。

陆梅红

2023年12月

目录
CONTENTS

第一篇　灵动课堂的塑造

第二篇　小学英语语篇视角下的思维教学

第一篇

灵动课堂的塑造

第一章

灵动课堂的理论研究

第一节　灵动课堂的概念和构建方法

一、灵动课堂的概念

（一）灵动课堂的特征

灵动课堂以其独特的教育理念和实践模式，逐渐成为教育现代化进程中的焦点。灵动课堂的出现，是对"以教为中心"教育模式的一种反思，它倡导"以学为中心"，强调学生在教育过程中的主体地位，将教师的角色转变为学习的引导者和支持者。作为教育现代化的重要实践形式，灵动课堂具有鲜明的特征，这些特征共同构成了其独特的教学理念和方法。

1. 学生中心。这是灵动课堂的核心理念，强调学生在学习过程中的主体地位。教师不再仅仅是知识的传递者，更是转变为引导者和支持者，鼓励学生主动参与，提出疑问，通过自我探索和实践来建构知识。这种模式有助于培养学生的批判性思维和问题解决能力，鼓励学生从被动接受知识转变为积极求知。

2. 教师主导。在灵动课堂中，教师的角色发生了转变，教师不再只是传授知识，更是通过设计富有挑战性和创新性的学习活动，引导学生深入学习，支持学生自主探究。教师需要具备较高的教育智慧，能够灵活运用各种教学策略，以适应学生不同的需求和学习风格。

此外，灵动课堂还具有信息技术融合的特点。灵动课堂充分利用现代信息技术，如电子白板、在线课程、移动学习应用等，以丰富的教学资源，增强教学的互动性和趣味性。这些工具不仅扩展了课程内容，还为个性化学习提供了可能，使得教学更加贴近学生的生活和未来需求。

3. 情境创设。灵动课堂善于创设真实、富有挑战性的情境，让学生在模拟的现实环境中学习，增强学习的实效性和迁移性。这种教学方式有助于学生将所学知识应用于实际，提升其问题解决和创新思考的能力。

4. 协作学习。灵动课堂强调团队合作，通过小组讨论、项目合作等方式，培养学生的沟通技巧和社会技能。在协作过程中，学生可以互相学习，共享资源，共同解决问题，这样有助于形成良好的团队精神和合作能力。

5. 自主探究。在灵动课堂中，学生被鼓励进行自主学习，即通过设定个人学习目标，自我驱动，探索式地学习。这种学习方式能激发学生的内在动机，培养学生的学习毅力和自我管理能力。

6. 多元评价体系。与传统考试评价不同，灵动课堂倾向于采用多元评价体系，包括形成性评价、同伴评价和自我评价，以全面反映学生的学习进步和能力发展。这种评价体系关注学生的个体差异，鼓励学生反思和持续改进。

值得注意的是，虽然灵动课堂的这些特征给教育带来了积极的变化，但在实际操作中，它们也面临着诸如技术设备的普及、教师培训、评价标准的统一等挑战。教育者需要不断学习和实践，以克服这些挑战，确保灵动课堂的持续优化和成功实施。通过对这些特征的深入理解和实践，我们可以更好地理解灵动课堂的教育价值，并将其应用于实际教学中，以促进学生的全面发展和教育质量的提升。

（二）灵动课堂的意义

灵动课堂的意义远不止于教学方法的革新，它更深层次地影响着教育的目标、过程和结果，是教育现代化进程中的关键一步。其意义可以从以下几个方面来理解。

1. 灵动课堂是对传统教育模式的突破。它挑战了以教师为中心、知识灌输为主的教学模式，转向以学生为中心，强调学生的主动参与和自我发展。这种转变有助于培养学生的创新思维、批判性思维和问题解决能力，这些都是当今社会所迫切需要的技能。

2. 灵动课堂体现了教育理念的现代化。它倡导个性化教学，尊重学生的独特性，通过多元智能理论，鼓励教师关注和激发学生在不同领域的潜能，从而促进学生的全面发展。这种教育理念有助于摒弃"一刀切"的教育观，实现教育公平和包容。

3. 灵动课堂借助信息技术手段，推动了教育资源的公平分配。通过在线课程和移动学习工具，学生可以获取更广泛的学习资源，无论其所在位置或家庭背景如何。这有助于缩小教育差距，让每个学生都有机会接触到高质量的教育资源。

4. 灵动课堂强调情境创设和协作学习，能够培养学生的实践能力和团队协作精神。在现实模拟情境中学习，有助于学生将理论知识转化为实际能力，而在团队合作中可以学习如何沟通、协商和解决问题，这些都是未来学生立足社会不可或缺的软技能。

5.灵动课堂提倡的多元评价体系，是对传统考试模式的改革。通过形成性评价和自我评价，教师能够更全面、更个性化地了解学生的学习进展，从而进行更具针对性的教学指导。这种评价体系有助于学生自我认知和持续改进，形成积极的学习态度。

尽管灵动课堂在实施过程中会遇到技术革新、教师角色转变和评价体系多元化的挑战，但这些挑战也促使教师不断改进教学策略，提升教育质量。通过持续的研究和实践，教师可以不断完善灵动课堂，使灵动课堂在各个学科、不同学段中发挥更大的作用，推动教育的深度改革与创新。因此，灵动课堂不仅是一种教学模式的创新，更是教育理念和实践的全面升级，对于塑造未来教育的格局具有深远的意义。

二、灵动课堂的构建方法

（一）技术支持在灵动课堂中的应用

在构建灵动课堂的过程中，技术支持发挥着至关重要的作用。信息技术不仅极大地丰富了教学资源，也打破了传统的教学模式，使教学活动更具互动性和个性化，从而更好地服务于学生中心的教学理念。以下几点详细阐述了技术支持在灵动课堂中的具体应用。

1.数字化资源获取与分享。通过在线平台，学生和教师可以获取到海量的学习资源，如电子图书、教学视频、互动课件等，这些资源的广泛可用性让学习内容更加丰富多元。同时，通过社交媒体、学习管理系统等工具，学生可以分享学习成果，交流思考，形成一种知识的共创与共享。

2.个性化学习路径。借助学习分析技术，教师可以追踪学生的学习进度，了解学生的学习习惯和理解情况，然后根据学生个体差异，设计出个性化的学习路径和教学策略。这有助于提高学习的针对性和效率，帮助学生深入理解和掌握知识。

3. 互动教学工具。电子白板、互动投影等技术工具，使得课堂活动更加生动有趣，能激发学生的学习兴趣。通过投票、讨论区留言、实时反馈等互动功能，教师可以即时调整教学策略，回应学生的疑问，实现课堂的即时互动与反馈。

4. 项目式学习与远程协作。云计算、视频会议等技术，使得学生可以进行跨地域的项目合作，共同完成任务，这不仅可以提供真实情境下的问题解决经验，还能够培养学生的团队协作能力，使学习更具挑战性和实用性。

5. 在线评估与反馈。在线测验、自适应学习系统可以提供即时的形成性评估，帮助学生及时了解自己的学习进度和理解程度。同时，教师可以根据这些数据调整教学内容，提供个性化的反馈，促进学生自主学习。

6. 学习管理系统。学习管理系统（LMS）整合了课程管理、学生评估、资源分享等多个功能，为教师和学生提供一站式的教学支持，使得教学过程更加有序、高效。

7. 混合式学习。通过将面对面教学与在线学习相结合，灵动课堂能够灵活满足不同学生的需求。这种混合式学习模式有助于培养学生的自我管理能力和适应性，同时也能充分利用各种教学资源，深化教学效果。

8. 游戏化学习。利用游戏化元素，如积分系统、挑战任务、角色扮演等，可以激发学生的学习动力，让学生在"玩中学"，使学习过程更具吸引力。

技术支持给灵动课堂带来了前所未有的教学可能性。它不仅拓宽了教学内容的边界，也改变了教学方式和评价手段，使得教育更加适应课标的需求。然而，教育者在应用这些技术时，也需关注技术的公平性，确保所有学生都能平等地受益于这些创新，同时在技术与人文关怀之间寻找平衡，以实现灵动课堂的真正价值。

（二）教师角色转变与灵动课堂

在构建灵动课堂的过程中，教师角色的转变是至关重要的环节。在传统的教育模式中，教师作为知识的传递者，占据课堂的主导地位，而灵动课堂则倡导教师成为学习的引导者、合作者和评估者，这样的角色定位对教师的教育理念、技能以及与学生的关系产生了深远影响。

1. 教师成为"引导者"。在灵动课堂中，教师不再单方面地向学生灌输信息，而是要设计富有挑战性的问题，引导学生主动探索知识，鼓励学生提出疑问，通过讨论和实践来加深理解。教师的角色更多地体现在激发学生的好奇心，培养学生批判性思维和解决问题的能力。

2. 教师成为"合作者"。在小组讨论、项目合作或情境模拟等活动中，教师不再是唯一的权威，而是学生学习过程中的伙伴。教师需要具备良好的沟通技巧，能够倾听学生的想法，提供适时的引导和反馈，帮助学生在合作学习中达成共识，共同解决问题。

3. 教师成为"评估者"。在多元评价体系中，教师不再仅仅依赖传统的考试成绩来衡量学生的学习，还通过观察、记录和分析学生在课堂上的表现，包括学生的参与度、协作能力、创新思维等，为学生的个性化发展提供全面的评价。这种评价方式要求教师具备敏锐的洞察力，能够公正、客观地评价学生的学习进步。

此外，教师还需要成为"终身学习者"。在快速发展的科技时代，教育者必须不断更新知识和技能，以便更好地应用在教学中。教师需要掌握最新的教育技术，如数字化资源的获取和管理、互动教学工具的使用等，这既是对教师专业素养的要求，也是灵动课堂成功实施的关键。

为了支持教师角色的转变，教育机构需要提供持续的专业发展机会，如研讨会、工作坊，以及在线学习资源，帮助教师理解新的教育理念，掌握必要的技术技能。同时，为教师建造一种探索性的工作环境，鼓励教师尝试新的教学方法，并从中获取经验，也是至关重要的。

尽管教师角色的转变带来了一系列挑战，如需要更高的教育智慧、更广泛的知识背景，以及更复杂的人际关系处理能力等，但这些变化对于推动灵动课堂的实施和教育质量的提升是必不可少的。只有当教师成功地转变角色，从知识的传播者转变为学习的促进者时，灵动课堂的潜力才能得到充分释放，从而为学生提供更加个性化、富有挑战性和实践性的学习体验。

（三）学生参与度与灵动课堂

在灵动课堂中，学生参与度是衡量教学效果和实现教学目标的关键因素。在一种以学生为中心的环境中，学生的积极参与不仅能激发学生的学习兴趣，还能培养学生的主动学习能力和批判性思维。因此，提高学生参与度是构建灵动课堂的重要策略之一。

情境创设是提高学生参与度的有效手段。模拟真实世界的问题和情境，让学生在解决问题的过程中应用所学知识，不仅使学习更具吸引力，还能增强学生的实践能力。例如，在教授颜色这一内容时，由三原色演变出其他颜色，教师可以设计实验让学生亲手验证理论，在教授与历史相关的话题时，则可以通过角色扮演重现历史事件，这样的教学方式让学生身临其境，从而更深刻地理解和记忆知识。

协作学习在灵动课堂中扮演着重要角色。小组讨论、项目合作等活动能让学生在互动和合作中学习，这种形式有助于提高学生的沟通技巧和团队协作能力。在这样的学习环境中，每个学生都有机会分享观点，提出问题，通过集体智慧解决问题。这不仅有助于知识的建构，也能增强学生的社会技能。

自主探究也是提高学生参与度的重要策略。在教师引导下，学生设定个人学习目标，通过自我驱动去探索和学习，这种学习方式能激发学生的内在动机，培养学生的自主学习能力。例如，教师可以为学生提供一些开放性问题，鼓励学生自己去寻找答案，或者设计一系列探究性任务，让学生在完成任务的过程中自我学习和成长。

采用多元化的教学方法和资源也能提高学生参与度。教师可以利用多媒体资源，如动画、视频、互动软件等，使教学内容更加生动有趣，吸引学生的注意力。同时，结合在线课程、学习社区等网络资源，让学生在课堂之外也能参与到学习中，增加学习的连续性和趣味性。

评价体系的改革也是提高学生参与度的重要组成部分。在灵动课堂中，多元评价体系鼓励学生参与评价过程，如同伴评价和自我评价，这不仅能让学生了解自身的学习情况，还能让学生对学习过程有更深的反思。这种评价方式还能增强学生的归属感，提高学生的学习投入。

提高学生参与度并非一蹴而就，它需要教师具备较高的教育智慧，灵活运用各种教学策略，并且持续关注学生的情感状态和学习动力。教师应鼓励学生提问，尊重学生的观点，给予及时的反馈和鼓励，营造积极、开放的学习氛围。同时，学校和家长也需要为学生参与度的提升提供支持，如提供必要的学习资源，加强家庭与学校合作，共同促进学生的发展。

学生参与度在灵动课堂中起着至关重要的作用。通过情境创设、协作学习、自主探究、多元教学方法和资源的运用，以及评价体系的改革，教师可以有效提高学生在课堂上的参与度，从而增强教学效果，实现学生的全面发展。在实施过程中，教育者需持续关注学生需求，调整教学策略，以确保学生在灵动课堂中真正成为学习的主体。

第二节　灵动课堂的外在体现

一、小学英语课堂导入

（一）导入的重要性

在小学英语教学中，课堂导入是教学环节的起点，它不仅奠定了整节课的基调，还直接影响学生的学习兴趣和对新知识的接受程度。导入设计得当，能够迅速吸引学生的注意力，激发学生对新知识的好奇心，从而为接下来的课堂活动铺平道路。导入环节的重要性可以从以下几个方面进行深入理解。

1. 导入是激活学生思维的引擎。根据建构主义学习理论，学习是一个主动建构的过程。有效的导入能够引发学生的好奇心和求知欲，引导学生从已有的知识和经验出发，对新知识进行主动探索。这就要求导入环节要富有趣味性和挑战性，促使学生从被动接受转变为主动思考。

2. 导入是营造积极课堂氛围的关键。一个生动有趣的导入，能够迅速拉近教师与学生之间的距离，创造轻松愉快的学习环境。这有助于提高学生的学习投入度，因为在积极的氛围中，学生更愿意参与课堂活动，与同伴交流合作。

3. 导入是明确教学目标的导引。良好的导入应包含课程的中心主题或关键概念，让学生在开始学习时就对目标有所认知。这样有助于学生在整个教学过程中保持目标导向，提高学习效率。

4. 导入是教学艺术的体现。一个精心设计的导入，如同文学作品的开头，能够激起读者的阅读兴趣，同样，精妙的导入能够让学生对即将学习的内容充满期待，从而增强教学的吸引力。教师可以通过故事、游戏、视频、音乐等多种形式进行导入，这些创新手段能够丰富教学形式，提升教学的多元性和趣味性。

导入环节在小学英语教学中的重要性不言而喻。它不仅在知识传递上起到引领作用，更在课堂氛围的营造、学生思维的激活以及教学目标的明确等方面发挥着至关重要的作用。因此，教师在设计教学时，务必将导入环节作为重点，力求创新、实用、吸引人，以此开启一场灵动的课堂之旅。

（二）常用导入方式

在小学英语课堂中，教师可以采用多种导入方式来激发学生的学习兴趣，营造积极的课堂氛围，引导学生主动参与，并明确教学目标。以下是几种常用且有效的导入方法。

1. 故事导入。教师可以通过讲述与课程内容相关的故事来引起学生的兴趣。故事可以是真实的、改编的，甚至是教师与学生共同创造的。故事导入可以激发学生的想象力，帮助学生更好地理解和记忆新知识。

2. 游戏导入。游戏是孩子们最喜欢的活动之一。通过设计与课程主题相关的游戏，教师可以让学生在游戏中学习新词汇、语法、交际技巧等，同时培养学生的团队协作能力。

3. 情境模拟。创设与教学内容相关的真实或虚构情境，让学生进入角色，使用英语进行交流。这种方法有助于学生将语言学习与实际生活情境相结合，提高语言运用能力。

4. 多媒体资源导入。利用图片、视频、音频等多媒体资源，吸引学生的注意力，直观地展示课程内容。多媒体资源的使用可以使课堂更加生动有趣，帮助学生更好地理解抽象的概念。

5. 歌曲或chant（反复而有节奏的短句）导入。富有节奏感的歌曲或chant能够营造愉快的课堂气氛，同时帮助学生轻松学习新词汇和句型，提高学生的口语和听力能力。

6. 复习导入。回顾上一节课的内容，通过提问或简单的测试来检查学生的理解程度，同时为新知识的学习奠定基础。这种方法既可以巩固旧知识，也能为新知识的引入做好铺垫。

7. 问题或谜题导入。提出一个与本节课主题相关的问题或谜题，让学生在思考和讨论中开启对新知识的探索，鼓励学生积极思考和主动学习。

每种导入方法都有其独特的优势，教师应根据学生的兴趣、年龄特点和课程内容灵活选择与创新。通过巧妙地运用这些导入方式，教师可以为小学英语课堂创造一种有趣、互动、富有挑战性且目标明确的学习环境，推动灵动课堂的实现。教师在实际操作时，还应密切关注学生的反应，不断调整和优化导入设计，以确保其有效性。

二、小学英语课堂活动组织

（一）活动组织的原则

在小学英语课堂中，活动组织是构建灵动课堂的关键环节。它不仅有助于深化学生对语言知识的理解，还能提升学生的实践能力、团队协作精神和创新思维。为了确保活动的吸引力和有效性，教师需要遵循一系列核心原则，确保活动设计的科学性与艺术性相结合。

1. 学生中心原则。以学生为中心的活动设计是灵动课堂的核心。教师应关注学生的个体差异，提供适合不同学习水平和兴趣的活动，鼓励学生在活动中主动参与，充分发挥学生的主观能动性。

2. 任务导向原则。每个活动应明确一个或多个具体的学习目标，让学生明白活动的目的。任务应具有挑战性以及可完成性，以保持学生的学习动力。

3. 合作学习原则。通过小组合作活动，培养学生的团队协作能力和沟通技巧。教师要确保每个学生都有发言和贡献的机会，避免个别学生的主导，让每个学生都能从团队中受益。

4. 多元智能原则。活动设计要考虑到多元智能理论，利用不同形式的活动满足学生的多元学习需求，如视觉、听觉、动觉和言语智能等，以促进学生全面发展。

5. 情境真实性原则。活动应尽可能贴近真实生活情境，让学生在模拟的环境中使用英语，提高语言运用的自然度和实际效果。

6. 互动交流原则。活动应鼓励学生之间的互动交流，通过对话、讨论、角色扮演等形式，提升学生的口语表达能力和思维敏捷性。

7. 形式多样性原则。活动的形式应该丰富多样，包括游戏、角色扮演、项目研究、讨论、辩论等，以满足学生不同的学习风格和兴趣。

8. 即时反馈原则。活动过程中，教师应及时给予学生反馈，指导他们改正错误，鼓励他们进步，以增强学习的针对性和有效性。

9. 自主学习原则。活动应包含一定的自主学习元素，让学生在活动中学会自我调控和自我指导，提升自主学习的能力。

10. 技术融合原则。利用现代教学技术，如多媒体、互动软件等，增强活动的趣味性和实效性，提升学生的学习体验。

遵循这些原则，教师可以组织出既富有挑战性又能吸引学生的课堂活动，从而创设灵动的小学英语课堂，激发学生的学习兴趣，同时发展学生的能力。在设计活动时，教师还需灵活调整和改进，适应不断变化的教学环境和学生需求，以实现灵动课堂的持续优化。

（二）常用活动组织方式

在小学英语课堂中，精心组织的活动是提升学生语言实践能力、增强课堂互动性的关键。以下列举了几种常见的、富有成效的课堂活动组织方式，旨在为教师提供实施灵动课堂的实践策略。

1. 任务型活动。任务型学习（Task-Based Learning，TBL）是一种以完成具体任务为驱动的学习方法，学生在完成任务的过程中自然地使用英语。例如，教师可以设计一个购物情境，让学生制定购物清单、询问价格、讨价还价，以此来实践新学的词汇和句型。

2. 合作学习活动。分组合作是培养团队协作和沟通技巧的有效方式。例如，可以组织"两人对话"活动，学生分组合作，准备并表演一个简短的日常对话，或进行角色扮演，如模拟课堂问答、情景剧表演等。

3. 游戏化学习。游戏化学习将游戏机制融入教学，以增加学习的趣味性和参与度。如"词汇接龙""单词卡片记忆游戏""语法大富翁"等，让学生在轻松愉快的氛围中学习语言知识。

4. 项目式学习。项目式学习鼓励学生围绕一个长期主题进行深入探究，通过收集信息、合作讨论、报告展示等方式，提升语言技能和跨学科能力。例如，可以让学生分组研究一个国家的文化，然后制作并展示海报或PPT。

5. 互动式讨论。教师可以提出开放性问题，引导学生进行小组或全班讨论，培养他们的批判性思维和口头表达能力。例如，就"我最喜欢的一本书"或"我如何看待环保"等话题进行讨论。

6. 角色扮演。角色扮演是语言教学中的经典活动，通过模拟现实场景，如餐馆点餐、医生病人对话等，学生在模拟环境中实践英语对话。

7. 多媒体辅助活动。利用电影片段、动画、歌曲等多媒体资源，让学生在欣赏和理解中学习语言。例如，观看英语动画片后进行角色配音，或通过歌曲学习新词汇和语法结构。

8. 创造性表达。鼓励学生用英语进行创造性表达，如创作英文诗歌、短故事或剧本，还可以通过艺术形式，如绘画、手工艺来表达想法，这些都有助于提升学生的创新思维和语言运用能力。

9. 反思与评价。在活动结束后，组织学生进行自我反思或同伴评价，帮助他们了解自己的进步和需要改进的地方，培养自我调控学习的能力。

通过灵活运用这些活动组织方式，教师能够构建出多元、有趣、富有挑战性的课堂，激发学生的学习兴趣，提高他们的语言实践能力和团队协作精神，从而实现灵动课堂的构建。教师在实际教学中，应根据学生的学习进度和兴趣，不断调整活动内容和形式，确保活动的针对性和有效性。

三、小学英语教学手段

（一）现代技术的融合与应用

在21世纪的教育环境中，小学英语教学手段的革新是实现灵动课堂不可或缺的一部分。现代教育技术，如多媒体、互动软件、在线教育资源等的融合，给教学带来了前所未有的可能性。教师应熟练掌握并善用这些工具，以提升教学的趣味性和实效性，从而更好地激发学生的学习兴趣和潜力。

多媒体资源的运用能够以直观、生动的方式展示教学内容，如使用图片、音频、视频等来辅助语言教学，使抽象的知识形象化，有助于学生理解与记忆。例如，播放英文动画短片，让学生在观看中自然习得语言；利用音频材料进行听力训练，增强学生对语音、语调的感知能力。

互动软件的使用可以让课堂教学更加具有动态性和参与性。例如，教师可以利用电子白板进行互动教学，让学生在大屏幕上直接参与课堂讨论、解答问题；可以使用学习管理平台或在线协作工具进行实时的小组活动，如在线角色扮演或小组讨论，提高学生的互动参与度。

在线教育资源的丰富性为教师提供了无尽的素材库。例如，利用Khan Academy、BBC Learning English等网站的免费教育资源，教师可以为学生提供个性化的学习材料，根据他们的需求和兴趣进行拓展学习。

（二）传统与现代的结合

尽管现代技术在教学中扮演着越来越重要的角色，但传统的教学手段，如黑板、教科书、实物教具等仍有其独特价值。教师应根据教学内容和学生特点，灵活运用传统与现代教学手段的组合，以达到最佳教学效果。

例如，教师可以结合实物教具进行词汇教学，让学生通过触摸、操作来学习新词汇，增强记忆；在教授语法时，教师可以在黑板上进行板书讲解，清晰地展示语法规则的结构；同时，教师还可以利用电子白板或平板电脑进行同步演示，将传统板书与现代技术相结合，提升教学效率。

（三）个性化教学的支持

现代教学手段还可以帮助教师实现个性化教学，即根据学生的学习进度和能力进行差异化教学。通过数据分析工具，教师可以监控学生在线学习的行为，了解他们的学习习惯和难点，从而提供针对性的反馈和辅导。此外，通过智能评估系统，教师可以及时了解学生的学习成果，调整教学策略，确保学生都能在课堂上得到充分的关注和提升。

（四）评价体系的更新

随着教学手段的变革，评价体系也需要作出相应调整。教师应利用技术手段收集学生的学习数据，包括在线活动参与度、项目完成情况、在线测试成绩等，这些数据可以作为评估学生学习成果的重要依据。同时，教师还需关注学生的创新思维、批判性思维、团队合作能力等软技能的发展，通过观察、同伴评价和自我反思等方式，全方位评估学生的学习进展。

小学英语教学手段的创新是灵动课堂构建的关键一环。教师应掌握现代教育技术，将其与传统教学手段相结合，以满足不同学生的学习需求，同时更新评价体系，全方位关注学生的成长。这样，教师才能在实际教学中灵活运用这些教学手段，创造既富有挑战性又充满吸引力的课堂环境，从而实现灵动课堂的目标，提升小学英语教育的质量和学生的综合能力。

四、小学英语常态课例片段

在探讨灵动课堂构建的过程中，理论的阐述和方法的介绍固然重要，但将这些理念和策略付诸实践更为关键。本部分将通过具体的小学英语常态课例，展示灵动课堂的实践样貌，以期为教师提供直观的实施范例。这些课例将深入剖析教学活动的设计、现代教学手段的运用以及课堂评价的实践，揭示灵动课堂如何在日常教学中落地，提升教学质量，同时丰富学生的学习体验。

课例一：PEP Book 2 Unit 3 At the zoo（词汇教学）。

在教授"动物"这一主题时，教师通过故事导入，讲述一个孩子在森林中冒险，遇到了各种动物的经历。故事中隐藏了新学的词汇，如elephant、giraffe、tiger等。随后，教师利用多媒体资源播放了一段关于这些动物的动画短片，让学生在观看中加深对新词汇的理解。接着，教师组织了一个小组任务，要求学生在指定的时间内，通过讨论和合作，使用新学的词汇创编一段对话。在这一过程中，教师使用互动软件记录学生的表现，同时实时提供指导和反馈。

课例二：PEP Book 2 Unit 2 My family（日常对话）。

在教授"家庭成员"相关词汇和句型时，教师采用了角色扮演的活动。学生分组，每组制作一个家庭成员的海报，然后轮流扮演家庭成员进行日常对话。教师利用电子白板记录学生的对话，鼓励他们用英语表达情感，如爱、感激等。在活动结束后，教师利用在线评价工具，让学生对同伴的表演进行点评，同时反思自己的表现。

课例三：PEP Book 5 Unit 3 What would you like?

教师围绕健康饮食这一主题，引导学生进行为期一周的项目式学习。学生分组，每个小组负责研究一种食物，收集其营养价值、制作方法等信息，并制作成英文海报。在项目过程中，教师引导学生使用在线教育资源，如观看健康饮食讲座视频、查阅营养知识资料等。最后，各组进行海报展示，并进行小组间的讨论和评价。

通过这些课例，我们可以看到灵动课堂在实际教学中的应用。教师巧妙地融合了故事导入、多媒体资源、互动软件、小组合作、角色扮演、项目式学习等多种教学手段，创造出积极互动、富有挑战性的课堂环境。同时，教师还利用现代教学工具收集反馈，进行实时评价，确保了教学的有效性和针对性。这些课例不仅展示了灵动课堂的实践路径，也为教师提供了创新教学的灵感，鼓励他们在教学实践中不断探索和创新，以实现教学目标与学生需求的完美契合，促进学生的全面发展。

灵动课堂的外在体现在深入研究和实践中揭示了小学英语教学如何适应教育现代化的变革，通过创新与实践，构建出充满活力、互动性强、以学生为主体的教学环境。

一系列典型课例的深度剖析，展示了灵动课堂在实际教学中的具体应用，每个课例都巧妙地融合了理论与实践，提供了生动的教学实例，为教师提供了一套可操作的实施策略。构建灵动课堂是提升小学英语教育质量的有效途径。它要求教师转变教学理念，从传统的讲授式转变为以学生为中心的互动式教学，利用现代教育技术，精心设计课堂活动，以实现教学的个性化和差异化。灵动课堂通过激发学生的学习兴趣，提升学生的主动参与度和学习深度，培养学生关键的知识技能，如团队协作、创新思维和批判性思维，从而促进学生的全面发展。

第三节　灵动课堂的价值体现

一、提升学生学习兴趣与参与度

（一）创新教学方式与手段

在传统的教学模式中，教师往往是课堂的主导者，学生则处于相对被动的地位，这种单向传递知识的方式往往难以激发学生的学习兴趣，也不利于他们主动参与和探索。然而，灵动课堂主张教师应以学生为中心，采用丰富多样的教学手段和方法，让学生在实际操作与互动中学习，从而极大地提升学生的学习兴趣和参与度。

情境教学是灵动课堂中常用的一种教学方式，它通过创设与教学内容紧密相连的生动情境，使学生仿佛置身于真实的语境中，从而激发他们的学习热情。例如，在教授"Shopping"时，教师可以设置一个模拟超市的场景，让学生扮演顾客和店员，进行真实的购物对话，这样既能锻炼学生的语言表达能力，也能使他们体验到英语在实际生活中的应用，增强学习的趣味性。

角色扮演是另一种富有创意的教学手段，它允许学生在特定角色中体验和理解语言，这有助于他们更好地掌握新知识，同时培养他们的创新思维和表演能力。例如，在教授"Family Members"时，学生可以扮演家庭成员，进行角色互动，通过对话来学习和巩固家庭成员的英文名称与相关表达，这样的活动既可以活跃课堂气氛，也可以深化学生对家庭成员关系的理解。

小组合作是灵动课堂中不可或缺的组成部分，它强调学生之间的互动与合作，通过共同完成任务，培养他们的团队协作能力和沟通技巧。例如，教师可以布置一项小组项目，让孩子们分组创作一段英语短剧，每组成员分工合作，共同编写剧本、分配角色和表演，这不仅可以锻炼他们的语言能力，也可以提升他们解决问题和组织协调的能力。

数字化技术的融入为灵动课堂增添了新的活力。多媒体资源如动画、视频、音频等，能以生动的形式引入新知识，吸引学生的注意力，使学习过程更具吸引力。比如，在教授"Seasons"时，教师可以播放不同季节的自然风光视频，让学生在欣赏美景的同时学习季节相关的词汇和表达，这种视听结合的方式既可以加深学生对知识的理解，也可以提高他们的学习效率。

小学英语灵动课堂通过创新的教学方式与手段，如情境教学、角色扮演、小组合作和数字化技术的应用，不仅可以提升学生的学习兴趣，还能够极大地加强他们的参与度，使他们在轻松愉快的环境中习得语言知识，发展实践能力，为他们的未来发展打下坚实的基础。这种教学模式的革新，无疑为小学英语教育注入了新的活力，也对教师的角色定位和教学策略提出了更高的要求，是适应21世纪教育需求的重要实践。

（二）激发学生内在学习动力

小学英语灵动课堂的价值还体现在对学生内在学习动力的激发上。教育的核心不仅在于传授知识，更在于点燃学生的学习热情，让他们由内而外地渴望学习，形成自主学习的习惯。在灵动课堂中，教师们通过一系列精心设计的活动和策略，帮助学生找到学习的乐趣，唤醒他们对英语的热爱，从而激发他们的内在学习动力。

灵动课堂鼓励学生在实际操作中学习，这使得他们能够直接看到学习成果，这种即时的反馈能极大地增强他们的成就感，激发他们持续学习的动力。例如，通过角色扮演和小组合作，学生们在解决问题、完成任务的过程中，看到自己使用英语进行沟通的能力在逐步提升，这种进步的可视化体验会让他们更加享受学习过程，从而更加积极地投入英语学习中。

灵动课堂强调个性化学习，尊重学生的兴趣和特长，使他们在学习中找到自己的定位，这有助于培养他们的自信心，进一步激励他们主动学习。教师会根据学生的兴趣爱好，设计与之相关的教学活动，如对音乐感兴趣的学生可以在学习"Music"主题时，参与到歌曲的翻译或创作中，这不仅可以激发他们对英语的热爱，还能够加深他们对英语的理解。

灵动课堂的多元化评价体系也起到了激发学生内在动力的作用。它不再仅以考试成绩为唯一标准，而是关注学生在课堂上的参与度、合作能力、创新思维等多方面表现，这种全方位的评价方式让每个学生都有机会展示自己的长处，从而增强自我价值感，促使他们更加积极主动地学习。

教师在灵动课堂中的角色转变，从传统的知识传递者转变为学生学习的引导者和合作者，使得他们更加关注学生的个体差异，提供个性化的指导和支持，帮助学生克服学习困难，提高他们的学习自信心。这种关系的转变，让学习变得更加人性化，学生在这样的环境中更容易建立起持续学习的内在动力。

通过对教学方式的创新，尊重学生的个体差异，以及实施多元化评价，可以成功地激发学生内在的学习动力。它使得学生在实践中学习，在合作中成长，在成功中体验，从而形成积极主动的学习态度，这不仅有利于他们当前的学习，更能为他们的终身学习奠定坚实的基础。

二、提高教学效率与质量

（一）个性化教学与差异化指导

小学英语灵动课堂在提高教学效率与质量的过程中，尤为重视个性化教学与差异化指导，以确保每个学生都能在适合自己的学习路径上取得最佳进步。这种以学生为中心的教学策略，充分考虑了学生个体差异，帮助他们在英语学习的道路上更有针对性地发展，确保教育的公平性和有效性。

灵动课堂注重挖掘学生的兴趣和特长，将其融入英语教学中。教师会根据学生的个体差异，设计各种与主题相关的活动，如对运动有兴趣的学生可以在"Sports"主题中担任裁判或运动员的角色，从而在实际操作中巩固语言知识，以兴趣为驱动，提高学习效率。通过这种方式，学生不仅能够在自己感兴趣的领域内学习，还能够发现英语在实际生活中的应用，提高学习的趣味性和实用性。

灵动课堂强调教师对学生的个别指导。教师不再只是主导群体教学，更需要密切关注每个学生的进步，提供个性化的辅导。例如，对于英语能力较弱的学生，教师可能会提供额外的补习和辅导，帮助他们巩固基本词汇和语法；而对英语能力较强的学生，教师则会提供更具挑战性的任务，如创作英语短文或进行英语演讲，以进一步提升他们的语言运用能力。这种差异化指导可以确保每个学生都能在自己舒适的学习区域内得到适当挑战，促进他们的持续进步。

灵动课堂还采用分层教学法，将学生分为不同的学习小组，根据他们的学习水平和进度，设计不同难度的学习任务。这样既可以让学生在同组内相互合作，共同解决问题，又可以让他们在不同层次的学习任务中找到适合自己的挑战，提高自主学习的能力。分层教学法鼓励学生在现有水平的基础上进行竞争和合作，既可以激发他们的学习动力，又能够确保教学的针对性。

在教学资源的分配上，灵动课堂也体现出了个性化与差异化。教师会根据学生的学习风格和需求，灵活选用实物教具、多媒体资料、在线学习平台等资源，以适应不同的学习方式。例如，视觉型学习者可以通过观看教学视频来理解新概念，而听觉型学习者则可以通过听音频材料来加深记忆。这种资源的个性化配置，使得每个学生都能在最适合自己的方式下吸收知识，提高学习的效率和质量。

通过个性化教学与差异化指导，以学生为中心，充分考虑个体差异，为学生提供适合自己的学习路径，这种教学策略不仅可以确保教学的公平性，也能够大大提高教学效率和质量，为学生创造更为有效的学习环境，以促进其学业的进步。

（二）动态评估与反馈机制

在小学英语灵动课堂中，动态评估与反馈机制是提高教学效率和质量的关键组成部分。它不仅能够实时监控学生的学习进度，及时发现和解决问题，还能激励学生持续改进，激发他们的学习动力。通过这一机制，教师能够更准确地了解学生的学习状况，提供更具针对性的指导，从而确保教学目标的有效实现。

灵动课堂的动态评估不再局限于传统的笔试成绩，而是涵盖了对学生参与度、合作能力、思维品质、情感态度等多方面的评价。教师通过观察学生在课堂上的表现，记录他们的参与情况，分析他们在小组讨论、角色扮演、项目合作等活动中展现出的协作精神和问题解决策略。这种评价方式能够全面展现学生的学习过程，而非仅仅关注结果，这有助于教师更深入地了解学生，进而制定个性化的教学策略。

教师利用课堂互动及小组活动作为评估工具，能够实时收集学生的学习反馈。在角色扮演中，教师可以观察学生是否能够准确地运用新学的词汇和句型，了解他们在实际情境中的语言运用能力；在小组项目中，教师可以看到学生解决问题的策略，评估他们的创新思维和团队合作技巧。这样的即时反馈，让教师能够及时调整教学策略，以适应学生的学习需求。

灵动课堂强调学生的自我评估和同伴评价，这有助于培养他们的自我认知和批判性思维。教师可以引导学生反思学习过程，记录他们在学习中的进步和挑战，鼓励他们分享学习经验，互相学习。通过这种方式，学生不仅能够了解自身的学习优势和薄弱环节，还能学习如何接受和给予建设性的反馈，这对于他们的个人成长和社交技能的提升具有重要意义。

在教学过程中，教师应及时向学生提供反馈，无论是针对个人还是针对整个班级。正面的反馈可以增强学生的自信心，鼓励他们保持积极的学习态度；而建设性的反馈则可以帮助学生发现自身的问题，提出改进策略。教师应确保反馈及时、具体、具有指导性，避免过于笼统的评价，这样学生才能明确了解自己在哪些方面需要努力，从而更有目标地进行学习。

动态评估与反馈机制，在小学英语灵动课堂中实施全面、及时、个性化的评价，可以使得教学过程更加透明，学生的学习路径更加明确。这种机制不仅可以帮助教师了解学生的学习进展，为教学提供有力的依据，还能激发学生的学习积极性，促进他们主动参与、自我调整，从而有效提高教学效率与质量。在这样的教学环境下，学生不仅能够提升语言技能，还能够发展出适应未来社会的综合素养。

三、落实学科核心素养

（一）创新思维的培养

在小学英语灵动课堂中，创新思维的培养是落实学科核心素养的重要组成部分。这种思维能力不仅关乎学生如何理解和应用语言知识，更影响他们解决实际问题、适应变化和创造新知识的能力。灵动课堂旨在通过多元化的教学活动、开放性的问题设置以及对真实情境的模拟，激发学生的创新思维，培养他们的主动探究、独立思考和批判性思维能力，为他们的终身学习和未来的社会生活打下坚实的基础。

灵动课堂中的项目式学习为创新思维的培养提供了广阔舞台。例如，教师可以设计一个以"Future Invention"为主题的项目，让学生们分组合作，设想并描述一项未来可能的发明，然后用英语进行展示。在这个过程中，学生不仅要运用所学的英语知识，还要发挥想象，构思创新的点子，这无疑可以锻炼他们的创新思维和批判性思维能力。

　　教师在课堂上设置开放性问题，鼓励学生从不同角度思考和解决问题。例如，在教授"A boy who shouted 'Wolf'"时，教师可以提出："If you were Peter, what would you do to make life a little more exciting？"。这样的问题没有固定答案，学生需要根据自己的观察和理解，提出创新的、让生活更有趣的建议，这有助于他们跳出固定的思维模式，尝试新的思考路径。

　　灵动课堂还强调情境的创设，让学生在模拟真实情境中学习和运用语言，同时培养他们的创新思维。例如，在PEP Book 7 Unit 1 How can I get there？的学习中，教师可以在课堂模拟问路的场景，让学生用英语表达在迷路的时候如何寻求帮助，如何询问要去的地方。在这样的活动中，学生不仅能够学习问路过程中可能用到的英语表达，还可以通过亲身参与，提升在实际情境中解决问题的能力。

　　与此同时，教师应该鼓励学生进行小组合作，共同研究和解决问题，这有助于培养他们的团队合作能力和创新思维。例如，在PEP Book 2 Unit 1 Welcome back to school！的学习中，可以设计研究一个关于"World Culture"的话题。教师可以让学生分成小组，每组负责一个国家的文化研究，然后在全班分享。通过合作，学生可以集思广益，相互学习，共同创新，使思维得到拓展。

　　在评价体系中，灵动课堂也注重对创新思维的考量。教师会通过观察学生在课堂上的表现，评估他们的创新性解决方案，以及他们在解决问题时表现出的独立思考和批判性思维能力。这种评价方式不仅可以激励学生在学习过程中积极创新，还可以帮助教师了解学生的思维发展状况，为教学提供针对性的指导。

项目式学习、开放性问题讨论、真实情境模拟和小组合作等教学策略，致力于培养学生的创新思维，让他们不仅能掌握英语知识，还能在未来的学习和生活中灵活应用英语知识，适应不断变化的环境，成为具有创新精神和批判性思维能力的个体。

（二）团队合作与沟通能力的提升

在小学英语灵动课堂中，团队合作与沟通能力的培养是落实核心素养中的关键一环。这种能力不仅对语言学习至关重要，更是学生未来社会生活和职业发展所必需的。课堂中，教师通过设计各种协作活动，鼓励学生在互动中学习，提升他们的社交技巧和协作精神，并在实践中运用英语进行有效沟通。

小组项目是培养团队合作与沟通能力的有效手段。例如，在教授"Children's Day"时，教师可以让学生们分组，每组设计一项游园活动，并用英语进行简单的规则表述和展示。这样的项目让学生们共同参与决策、分工合作、执行任务，同时在讨论和交流中提高英语表达能力，学会在团队中沟通协调。

角色扮演活动也是提升团队合作与沟通能力的有效方式。在学习"At the Restaurant"时，学生们可以扮演顾客和服务员，通过模拟真实场景进行点餐、支付等对话，这既可以锻炼他们的口语能力，也能培养他们在实际情境中运用英语进行沟通的技巧。

教师在课堂中应该引导学生进行有效的小组讨论，鼓励他们分享观点、倾听他人，这有助于提高他们的听力理解能力，增强口头表达的自信。例如，在教授"Healthy Eating Habits"时，可以让学生分组讨论各自的看法，通过分享和辩论，他们不仅可以学习新词汇和表达，还能学习如何用英语表达观点和说服他人。

教学活动的设计应当鼓励学生主动探索和解决问题。例如，在

"Changes in Our City"主题中，教师可以设计一个任务，让学生们通过走进博物馆、观察、采访等方式，收集城市变化的信息，各小组根据调查研究的结果，制作关于城市变化的海报，然后在课堂上用英语进行汇报和交流。这样的活动让学生们通过合作收集信息，共同准备演讲，提升他们的团队合作与沟通能力，同时培养他们对多元文化的理解和尊重。

合作评价机制也有助于团队合作与沟通能力的提升。教师可以组织学生互评，评价他们在小组活动中的合作态度、沟通效果和解决问题的能力。这种评价方式不仅可以让学生们学习从他人的角度审视自己，还能学习如何给予和接受建设性的反馈，有助于他们发展良好的人际关系。

在实践中学生团队合作与沟通能力的提升，不仅有利于他们在英语学习上的进步，更对他们的个人发展和社会适应能力有着长远的积极影响。这种能力的培养能够为他们未来进入职场、参与社会事务，乃至在全球化环境中与人交流打下坚实的基础。

（三）信息素养与批判性思维的养成

信息素养与批判性思维的培养是落实核心素养不可或缺的部分，它们强调学生在信息爆炸的时代中，有效获取、处理、评估信息，并基于这些信息进行独立思考和判断。这种能力不仅对英语学习至关重要，也是学生适应21世纪社会需求必备的关键素质。

信息素养在英语学习中体现为学生能够独立地使用各种资源，如教科书、多媒体材料、网络资源等，深化理解和扩展知识。在灵动课堂中，教师鼓励学生利用多媒体资源，如观看与教学内容相关的视频，通过分析和解读来加深对语言与文化的理解。同时，教师也教授学生如何有效地搜索和筛选网络上的英语学习资源，以提高他们的信息获取和处理能力。

批判性思维则是指学生能够对信息进行分析、评估和反思，形成独立的观点，这在英语学习中表现为对文本的深入解读、对论点的批判性评价和对语言使用的理性思考。例如，在六年级一节综合融合课教授"Media Influence"时，教师可以引导学生分析不同媒体对同一事件的报道，鼓励他们批判性地思考这些报道的公正性与客观性，从而培养他们的批判性思维能力。

设计开放性问题，促使学生进行深度思考。如在教授"My weekend plan"时，教师可以提出："What is a good weekend plan？"这类问题没有固定答案，要求学生根据所学知识和自身理解提出见解，这有助于发展他们的批判性思维。

教师在课堂上运用案例分析方法，让学生在真实世界的情境中探讨问题，引导他们从多个角度去审视案例，培养他们运用批判性思维解决问题的能力。此外，教师还可以组织学生开展辩论活动，如就"Is cleaner a good job？"等话题进行讨论，这不仅能让学生在思考和交流中提高语言表达能力，还能锻炼他们的批判性思维和论据支持能力。

在教学评价上，灵动课堂也侧重于信息素养与批判性思维的评价。教师会通过观察学生在寻找和使用信息资源、分析复杂文本、提出个人观点时的表现，评价他们的信息处理能力和批判性思维水平。这种评价方式有助于激励学生提高信息素养和批判性思维能力，同时也让教师对学生的思维发展有更准确的了解，以便进行有针对性的指导。

培养学生的信息素养，使学生具备在海量信息中筛选有效资源的能力，而批判性思维能力的培养则让学生学会独立思考、理性分析。这两项能力的结合在学生将来的发展中会起到重要作用。在这样的课堂环境中，学生不再只是被动接收信息的容器，而是成为信息的探索者和独立思考的主体，这是学生以后在社会中成功的关键。

第四节　灵动课堂的深化发展

教师角色从传统知识传授者向学习引导者的转变，强调教师须具备启发思考、引导探究的能力，以激发学生的学习兴趣和自主学习能力。在教学方法上，小学英语灵动课堂的深化发展倡导多元化、互动式教学，如任务型教学、合作学习和项目式学习，这些方法有助于增强学生的学习参与度，培养团队协作与解决问题的能力。

一、教师角色的转变

（一）从传授者到引导者的转变

在小学英语灵动课堂的深化发展中，教师角色的转变至关重要。长久以来，教师被定位为知识的传授者，负责将预设的课程内容灌输给学生。然而，随着教育理念的革新，教师的角色正逐渐从单一的知识传递者转向多元化的学习引导者。这一转变旨在凸显教师在引导学生探索、思考和创新中的核心作用，激发学生的主动学习精神，促进他们全面发展。

教师应成为学生学习的伙伴，而非权威的命令者。在灵动课堂中，教师不再仅仅是信息的输出者，更是转变为信息的共享者和讨论的参与者。他们鼓励学生提问、探讨和质疑，通过引导性的对话，激发学生的好奇心和求知欲。这种转变要求教师从单向讲授知识转变为双向交流，为学生提供一种开放、平等的学习环境，使他们在互动中发现知识，形成批判性思维。

教师应成为学生学习的启发者和反思者。在传统的教学模式中，教师常常扮演"答案提供者"的角色，而在灵动课堂中，教师需要引导学生进行深度学习，培养他们解决问题的能力和创新精神。通过设计富有挑战性的任务和问题，教师可以帮助学生跳出固定思维模式，尝试新的解决问题的方法。同时，教师还需引导学生对学习过程进行反思，鼓励他们总结经验、提炼方法，形成自我学习的策略。

教师还应成为学生学习的个性化指导者。学生有其独特的学习风格和能力，教师需要关注个体差异，为不同学生提供定制化的学习路径。通过观察、评估和反馈，教师可以了解学生的学习进度和需求，调整教学策略，确保每个学生都能在适合自己的节奏和方式下学习。这种因材施教的方法不仅能够提高学生的学习效率，还能够增强他们的学习动力和自信心。

教师是文化与价值观的传播者。在英语教学中，教师应引导学生理解、甄别、欣赏不同文化，培养他们的跨文化交际能力。通过介绍中外文化的异同，教师可以帮助学生形成开阔的视野，尊重和接纳多元文化，从而在全球化背景下，更好地理解和适应世界。

教师角色的转变是灵动课堂深化发展的关键。从传统的知识传授者转变为学习引导者，教师需要以学生为中心，成为他们探索、思考和创新的伙伴、启发者、反思者以及个性化的指导者。这样的转变不仅能够提升学生的学习兴趣和自主学习能力，也有助于他们形成全面的核心素养，为未来的学习和发展做好准备。

（二）从管理者到合作者的转变

随着教育理念的革新，教师的角色不再仅仅是课堂的管理者，更是转变为学生学习旅程中的合作者。在灵动的英语课堂中，教师不再单方面控制学习进程，而是与学生共享决策权，共同参与课堂活动的规划和实施。教师与学生的合作不再局限于简单的小组讨论或课堂活动，而是深入课程内容的设计、教学方法的选择以及评价标准的制定中。在这样的课堂环境中，教师鼓励学生发表观点，尊重他们的想法，将他们的兴趣和生活经验融入教学内容，使课程更具吸引力和相关性。教师不再是课堂规则的严格执行者，而是与学生一起探索规则的意义，共同维护和谐的学习氛围。他们在课堂中倡导的不再是权威和服从，而是尊重、信任和合作，这种转变有助于营造更平等、开放的学习环境，让学生在轻松愉快中学习，同时培养他们的团队合作与沟通技巧。

教师作为合作者的角色，意味着他们必须具备更高的倾听和理解能力。他们需要倾听学生的声音，理解他们的需求，关注他们的困惑，然后调整教学策略以更好地满足学生的学习需求。同时，教师还需要引导学生学会倾听和理解他人，培养他们的同理心和社会责任感。

教师与学生的合作还体现在学习过程的评价上。他们不再是唯一评判学生学习成果的人，而是与学生一起参与评价过程，包括同伴评价、自我评价以及教师评价。这种多角度的评价方式有助于学生更全面地认识自我，增强自我反思能力，同时也鼓励他们在学习中主动承担责任，形成积极的学习态度。

从管理者到合作者的转变，要求教师具备更高的教育智慧和人际交往能力。他们需要灵活运用各种策略，激发学生的学习热情，培养他们的合作精神。这样的课堂不仅能够提高学生的学习成效，更能够培养他们未来社会生活中不可或缺的团队合作与沟通能力。通过与学生的紧密合作，教师可以更好地了解学生，引导他们充分发挥潜力，实现个人成长，从而推动小学英语灵动课堂的进一步深化。

二、课程内容的创新

（一）案例教学法的应用

案例教学法在小学英语灵动课堂中的应用是课程内容创新的重要组成部分。该方法借助实际或虚构的案例，让学生在解决具体问题的过程中学习和运用英语，从而提高他们的语言实践能力，激发他们对英语学习的兴趣，并培养他们的批判性思维和问题解决能力。案例的选择应紧密贴合课程内容，同时与学生的生活经验或当前社会热点相结合，以增强其现实意义和吸引力。例如，教师可以选取关于环保、科技、跨文化交流等主题的案例，让学生在讨论和分析中自然而然地使用英语，同时拓宽他们的知识视野，增强他们的全球意识。

实施案例教学过程中，教师的角色至关重要。他们需要引导学生逐步分析案例，提出关键问题，鼓励学生进行小组讨论或全班交流。通过这种方式，学生不仅能够提升英语听说读写的能力，还能在互动中增强团队协作技能，培养他们的批判性思维，学会从不同角度分析问题。

案例教学法也提倡形式多样的活动，如角色扮演、模拟法庭、辩论赛等，这些活动有助于营造生动有趣的课堂氛围，让学生在"做中学"，提高他们的学习积极性。例如，通过模拟"联合国会议"，学生可以扮演各国代表，用英语讨论全球问题，这不仅锻炼了他们的口语技能，也培养了他们的公共演讲和谈判技巧。

为了进一步提升案例教学的效果，教师可以利用多媒体资源，如视频、音频、图表等，为学生提供丰富的信息来源，增强他们的多元感知。同时，教师应鼓励学生自主搜索相关资料，以培养他们的信息收集和处理能力，这也有利于他们在课堂讨论中提出更具深度的观点。

案例教学法在评价方面也有独特的应用。教师除了关注学生的语言表达外，还需要评估他们解决问题的能力、批判性思维的运用以及团队合作的表现。形成性评价和同伴评价在这种教学模式中尤其有效，它们可以及时反映学生的学习进步，提供个性化的反馈，鼓励学生自我反思，促进他们的持续学习。

案例教学法以其实践性和互动性，为小学英语灵动课堂注入了新的活力。通过实际案例的探讨和解决，学生在英语学习中实现了知识与能力的双重提升，为他们的未来发展打下了坚实的基础。因此，教师在设计和实施课程内容时，应充分考虑案例教学法的运用，以实现课程内容的创新，促进学生综合素质的全面发展。

（二）项目式学习的设计

项目式学习是课程内容创新的另一种重要途径，它强调以学生为中心，通过解决真实世界的问题来学习和掌握知识，从而培养他们的创新思维、实践能力和团队协作精神。在小学英语灵动课堂中，项目式学习可以将抽象的英语知识与实际生活情境紧密结合，使学生在完成项目的过程中自然习得和运用语言。

设计有效的项目式学习，教师需遵循以下几个关键步骤。

1. 确定项目主题。教师应选择与小学英语课程内容紧密关联且具有现实意义的主题，如环境保护、社区服务、国际节日等。这样的主题既有助于学生巩固所学的英语知识，又能拓宽视野，增强跨文化交际能力。

2. 设定项目目标。明确项目旨在提升学生的哪些英语技能（如阅读、写作、口语、听力等），以及需要发展的能力，（如批判性思维、创新、团队合作等），目标应具体、可衡量，以便于评估学生的学习进展。

3. 计划项目实施。制定项目的时间表，包括启动、研究、实施和展示阶段。每个阶段都应包含清晰的学习任务和预期成果。教师应安排适量的课堂时间，引导学生进行讨论、协作和反馈，确保项目顺利进行。

4. 资源与技术支持。整合各种教育资源，如图书、网络资源、专家讲座、实地考察等，为学生提供丰富的学习素材。同时，利用现代教育技术，如在线协作工具、视频会议等，提升项目实施的效率和趣味性。

5. 合作与指导。鼓励学生分组进行项目，培养他们的团队合作能力。教师需作为引导者，提供必要的帮助和指导，但要确保学生有足够的自主学习空间，体验解决问题的过程。

6. 评估与反馈。采用多元评价方式，包括学生自我评价、同伴评价、教师评价，以全面了解学生的进步。评价除了关注项目成果外，更应注重学生在项目过程中表现出的技能和态度。反馈应及时、具体，以帮助学生调整学习策略，提升在未来项目中的表现。

7. 展示与反思。组织项目展示活动，让学生分享自己的学习成果，同时鼓励他们反思项目过程，总结经验教训，提升自我认知。这种公开的交流可以增强学生的自信心，同时也能激发其他学生的兴趣和参与欲望。

通过项目式学习的设计，小学英语灵动课堂将从单一的知识传授转变为深度学习的实践场，让学生在解决实际问题的过程中，自然而然地将英语知识内化为语言技能，同时培养他们的创新思维、跨文化理解和社会责任感。这不仅有助于提升学生的英语水平，而且能为他们的终身学习和应对未来社会生活打下坚实的基础。

三、教学方法的优化

（一）任务型教学的实施

任务型教学的实施是小学英语灵动课堂中教学方法优化的重要一环。它以真实的语言使用任务为核心，让学生在完成任务的过程中自然而然地学习和运用英语，从而提高他们的语言实践能力，增强学习的动机和参与度。任务型教学旨在将语言学习与实际应用相结合，让学生在解决实际问题时，自然习得和使用语言，同时培养他们的团队协作和问题解决能力。

在实施任务型教学时，教师需要遵循以下步骤和策略。

1. 任务设计。首先，教师要设计与学生生活经验和学习目标紧密相连的任务。例如，设计角色扮演任务，让学生模拟在超市购物的情景，用英语进行交流；或者设计一个小型的旅游计划，让学生在规划过程中学习和使用相关的词汇与句型。任务应具有一定的挑战性，同时确保学生在教师的引导下可以完成。

2. 任务准备。在任务开始前，教师需为学生提供必要的语言支持，如新词汇、短语和句型的教学，确保他们具备完成任务的基础。同时，教师应引导学生了解任务的目标和期望，让他们明白完成任务的意义，激发他们的参与热情。

3. 任务执行。在执行任务的过程中，教师的角色转变为观察者和指导者。他们需要鼓励学生自主思考，积极参与，通过讨论、合作和互动完成任务。在学生遇到困难时，教师提供适当的帮助和引导，但要避免过度干预，确保学生有足够空间探索和学习。

4. 即时反馈。教师在任务执行过程中，应提供即时的口头和书面反馈，指出学生在语言运用、团队协作上的成功之处和需要改进的地方。这样有助于学生及时调整自己的行为，深化学习效果。

5. 任务展示与评价。完成任务后，教师组织学生分享他们的成果，并引导他们进行自我评价和同伴评价。评价不仅要关注学生的语言表达，还要考查他们的解决问题能力、团队合作表现以及任务完成情况。这种评价方式有助于学生了解自己的进步，同时激励他们持续改进。

6. 延伸学习。任务完成后，教师可以引导学生将所学知识应用到其他任务或实际生活中，如开展更复杂的角色扮演或组织学生讨论如何将旅游计划在实际生活中实践。这种延伸学习有助于巩固学生的语言技能，同时增强他们对英语学习的兴趣和信心。

任务型教学的实施强调学生在实践中的主动学习和语言运用，通过完成与实际生活相关联的任务，学生不仅提升了语言能力，还锻炼了实际操作、团队协作和问题解决能力。同时，这种教学方法也鼓励教师与学生之间的互动和合作，为小学英语灵动课堂的深化发展提供了有力支持。

（二）技术辅助教学的融合

随着科技的飞速发展，技术辅助教学已经成为小学英语灵动课堂深化发展不可或缺的组成部分。它不仅增强了教学的趣味性和实效性，还为教师和学生提供了新的学习与互动方式，推动了教学方法的优化。

智能化教育平台的引入，如在线学习管理系统、互动白板和教育应用程序，极大地丰富了教学手段。这些平台通过多媒体和动画，使抽象的语法概念变得生动形象，帮助学生更好地理解和记忆。例如，智能语音识别技术可以实时纠正学生的发音，提供个性化的反馈，促进发音的准确性和流利度。在线学习社区则让学生有机会与同龄人或教师在线交流，实现即时的互助和学习。

多媒体资源的广泛使用，如视频、音频、互动游戏和虚拟现实技术，让课堂内容更加丰富多元。例如，教师可以播放英文动画片，让学生在欣赏中学习自然的口语表达和文化背景；通过音频材料，如英语歌曲和有声读物，学生可以提高听力理解能力和增强语感。互动游戏如词汇接龙、知识竞赛，不仅能提升学生的学习兴趣，还能在轻松的氛围中巩固知识。虚拟现实技术则可以创建沉浸式环境，让学生仿佛置身于英语国家，进行真实的语言实践。

技术辅助教学促进了教师与学生的互动和合作。在线讨论板和协作工具允许学生在课堂内外进行持续的讨论和协作，培养团队精神和沟通技巧。教师可以实时监控学生的学习进度，提供个性化的指导，同时鼓励学生自我评估和同伴评价，提升他们的自主学习能力。

技术辅助教学还形成了多元化的教学评估。在线测验和自适应学习系统可以根据学生的表现自动调整难度与内容，为学生提供个性化的学习路径。此外，教师还可以借助技术辅助教学工具收集大量数据，分析学生的学习模式，以便调整教学策略，更好地满足学生的需求。

尽管技术辅助教学的作用显著，教师仍需谨慎运用，确保技术服务于教学目标，而非取代传统的面对面互动。在技术辅助教学中，教师应扮演指导者的角色，确保学生正确理解和使用技术，同时培养他们对信息的批判性思维能力，防止过度依赖科技。

技术辅助教学是小学英语灵动课堂深化发展的重要推手。通过智能化教育平台、多媒体资源和在线协作工具，课堂变得更加生动，互动性也更强，这有助于提升学生的学习兴趣和学习能力。教师需要不断学习和适应新技术，以实现教学方法的持续优化，促进小学英语教育的全面、均衡和个性化发展。

四、评价体系的改革

（一）过程性评价的引入

在小学英语灵动课堂的深化发展中，评价体系的改革是关键的一环。传统的评价方式往往侧重于对学生的知识掌握程度进行一次性、总结性的评价，如期末考试、学期测试等。然而，随着教育理念的转变，过程性评价逐渐成为评价体系的重要组成部分，它强调对学生学习过程的持续观察、记录和反馈，以此促进学生的学习和发展。

过程性评价的引入旨在全面了解学生的学习历程，关注他们的学习态度、参与度、技能发展以及思维能力。这种评价方法不仅关注结果，更重视学生在学习过程中的进步和成长，鼓励学生形成积极的学习态度，培养他们的自主学习能力和批判性思维。

在实施过程性评价时，教师可以通过以下几种方式。

1. 课堂观察与记录。教师在日常教学过程中，记录学生在课堂上的表现，包括参与讨论的活跃程度、解决问题的能力、团队合作的贡献等。这些观察记录可以帮助教师了解学生在实际学习中的行为和进步，为后续教学提供依据。

2. 形成性评估。形成性评估是在教学过程中进行的评价，如课堂小测、项目进度检查、作业完成情况等。这种评价方式可以及时发现学生在学习中的问题和遇到的困难，促使教师调整教学策略，提供针对性的帮助。

3. 自我评价。鼓励学生对自己的学习进行反思，包括学习方法、理解程度、进步情况等。这有助于学生认识自我，培养自我调整和自我学习的能力，也有利于他们形成批判性思维。

4. 同伴评价。通过同伴互评，学生可以学习如何观察、分析他人的学习行为，提升他们的沟通能力和批判性思维能力。同伴之间的评价也能发展彼此的合作精神，增强团队凝聚力。

5. 项目和展示的评价。项目式学习和任务型教学中的成果展示，可以作为过程性评价的一部分。教师和学生可以通过评估这些项目的完成情况，了解学生在解决问题、实际应用语言技能以及团队合作方面的进步。

6. 技术辅助评价。利用教育技术，如在线学习平台和在线学习管理系统，教师可以收集学生的电子作品、在线讨论记录等，作为评价的一部分。这些技术工具能够提供更多的数据支持，帮助教师更客观地评估学生的学习路径和进步。

过程性评价的引入，强调了评价的多元化和持续性，它为学生提供更全面、更有针对性的反馈，鼓励他们在学习过程中不断调整和改进。同时，过程性评价也有助于教师调整教学策略，更好地满足学生个体需求，推动小学英语灵动课堂的深化发展。

（二）多元评价体系的构建

多元评价体系的构建是小学英语灵动课堂评价改革的核心。它摒弃单一的知识测试，转而关注学生的综合能力、思维品质和文化素养。多元评价体系强调全面、客观、发展性地评价学生，为学生提供个性化的反馈，从而促进他们的全面发展。

多元评价体系包括语言运用能力的评价。这不仅关注学生听、说、读、看、写的能力，还涉及学生在实际情境中运用英语进行沟通交流的能力。教师可以通过设计贴近生活的任务，如角色扮演或模拟情境对话，观察学生在实际操作中的语言表现，评估他们的流利度、准确性和交际策略。

多元评价体系也关注学生的思维品质。这包括批判性思维、创新思维和解决问题的能力。教师可以通过提出开放性问题或创设挑战性情境，观察学生如何分析问题、提出解决方案或进行创新思考。教师的评价应侧重于学生思考的过程和策略，而不仅仅是答案的正确与否。

文化品格的评估是多元评价体系中的重要一环。在英语学习中，了解和尊重不同文化是必不可少的。教师可以通过跨文化主题的项目或讨论，评价学生对中西方文化差异的理解，以及他们如何在交流中表现出尊重和包容，这有助于培养学生的全球视野和跨文化交际能力。

学习能力的评价同样不可或缺。这包括学生的学习习惯、自我监控和自我调整能力，以及他们如何有效地使用资源进行学习。教师可以观察学生在课堂上的学习态度，分析他们的学习计划，或者通过学生自我评价和同伴评价来评估这些能力。

多元评价体系的构建应当融合定量与定性的评价方法。定量评价如标准化测试或在线评估，可以提供客观的数据，反映学生的语言技能水平。而定性评价如观察记录、访谈、作品集评价，则可以深入理解学生的个体差异和学习过程。通过结合两者，教师可以得到更全面的反馈，为学生提供更具针对性的指导。

技术的应用在多元评价体系中扮演了重要角色。教师可以利用智能教育平台进行实时反馈，通过大数据分析学生的学习行为，以便更准确地评估学生的学习进度和需求。同时，技术也支持了形成性评价的实施，使教师能够及时调整教学策略，以适应学生的学习节奏。

在实施多元评价体系的过程中，教师还要注重鼓励和培养学生的自我评价能力。通过引导学生反思自己的学习过程和成果，让学生学会自我调整，形成积极的学习态度。同伴评价同样重要，它能培养学生的沟通和批判性思维能力，同时增强团队合作精神。

构建多元评价体系是小学英语灵动课堂深化发展的重要组成部分，它旨在全面、公正地评价学生的语言能力、文化意识、思维品质和学习能力。通过整合定量评价与定性评价，结合技术应用，以及鼓励自我评价和同伴评价，教师能够为学生提供个性化的反馈，促进学生素养的全面发展，最终推动小学英语教育的质量提升。

第二章

灵动课堂的教学实践研究

第一节 语音"八步"教学模式

　　随着义教段教学改革的深入推进，语音教学已经成为热门话题。从我们掌握的资料来看，有关此课题的研究比较多，很多经济发达地区研究语音教学法已有很多优秀成果。其模式基本都是在一、二年级开设专门的语音课，使用国外的教材，但他们的成功经验无法复制到肇庆市以及粤东西经济欠发达地区。

　　笔者所在地区关于语音教学的研究起步较晚，如何系统地培养学生的拼读能力在本地区是一个空白的课题。老师们都不知道如何上语音课。大家对于什么是语音教学，自然拼读法和音标有什么区别，语音课要培养学生什么样的能力，为什么要上语音课，拼读教学是独立的还是要在语境中教等问题甚为困惑。再者，因为区内的水平测试没有考核语音教学的题目，绝大多数老师在教到语音板块时，要么直接带读课本中的单词，要么用音标教学，要么跳过去不教。本地区的语音教学处于非常落后的状态。自然拼读教学法是学生学习英语的一种能力，是否具备这种能力，将对学生的英语学习产生极大的影响。用传统的方法教语音，已经不能为学生的英语学习减负。在学校没有专设语音课、教师没参加过系统语音教学培训、没有现成的语音教材的情况下，教师该如何上语音课？怎样的语音课模式才算合理和有效？如何培养学生自然拼读的能力？对这一系列问题的研究势在必行。

通过对目前国内外自然拼读法进行广泛而深入的研究，并结合本地区的实际情况，秉承"以学习者为中心"的教育教学观念，本研究尝试采用10+1（即每节课前10分钟+每单元一节完整的语音课）系统教学模式和Let's spell板块的"八步"教学模式进行试验，以期为教师们提供系统、高效、可复制、操作性强的语音教学模式，让本地区的孩子们在条件有限的情况下也能学会自然拼读法。

语音"八步"教学模式不仅是一种教学手段，更是一种教学理念的革新。它将传统语音教学与现代教育理念相结合，试图在理论与实践之间架起一座桥梁，以期为小学英语语音教学提供新的思考和实践路径。通过本研究，我们期望能够为小学英语教育工作者提供一种操作性强、效果显著的教学模式，同时为语音教学的理论研究增添新的实证支持，推动小学英语教育的改革与进步。

一、语音"八步"教学模式概述

小学英语语音教学的现状在很大程度上反映了传统教学模式的局限，如过于重视知识的灌输而忽视实践应用，以及缺乏有效的家长参与机制。针对这些问题，本文提出语音"八步"教学模式，旨在改革与创新小学英语语音教学方法。该模式的诞生，是基于对教育心理学、二语习得理论以及课程标准的深入理解，同时借鉴了成功案例，如PEP版语音"八步"教学模式在肇庆地区的实践研究，该研究在提升教师专业能力、优化教学方法、增强学生学习效果方面取得了显著成果。

肇庆地区的教学实践表明，当前的语音教学存在不少挑战，如教师对自然拼读法不甚了解，对自然拼读法与音标之间的关系理解不清，教学方法相对保守，未能充分利用新教材的互动性和趣味性等，这无疑限制了学生语音感知和发音能力的培养，进而影响他们的口语表达和英语学习的整体进程。因此，改革小学英语语音教学，尤其是引入系统化、情境化和互动性强的教学方法，如语音"八步"教学模式，对于提高学生语音水平、培养学生语言运用能力以及激发学生学习兴趣至关重要。

语音"八步"教学模式不仅是一种教学工具，还体现了教学理念的革新。它强调学生中心、情境创设、模仿训练、正音反馈和实际运用，这些步骤旨在确保学生在语音学习过程中积极参与，从而提升他们的发音准确性和口语表达能力。通过研究和借鉴国内外教学模式的发展趋势，特别是语音"八步"教学模式的成功案例，我们有理由相信语音"八步"教学模式能在小学英语语音教学中发挥重要作用，为实现个性化、互动化和科技化的教学目标提供有力支持。

二、语音"八步"教学模式在小学英语教学中的应用

（一）研究目标、内容及方法

1. 研究目标：

（1）通过本课题的研究，探索Let's spell 板块的有效教学模式。

（2）通过本课题的研究，探索适合本地区教学使用的系统的语音教学模式。

2.研究内容：

通过调查，探究目前教师在语音教学方面的主要障碍。

（1）对应各种学习方式，提炼出语音导读的教学方式。

（2）在实践应用中不断改进完善，最终提炼出一套行之有效的英语教学模式。

（3）通过语音的学习，提高学生的阅读能力。

3.研究方法：

（1）文献研究法：研究国内外教育专家对自然拼读法和语音教学研究的文献资料，为本课题研究寻找理论依据和实践经验。

（2）问卷调查法：对本地区教师开展问卷调查，掌握语音教学现状的具体情况，提高本课题研究的针对性。

（3）总结法：在实验过程中不断总结，形成书面材料，推广实验经验。

研究过程中还用到实际操作法、个案研究法、研讨法。

（二）研究措施

根据本校和本地区的实际情况，课题组采用"校本教研—专家指导—课例研磨—开展活动"的方式，探讨推进本地区语音教学的模式。

（三）创新表现

1.提炼出Let's spell板块的语音"八步"教学模式。以（2012—2013审定）人教版PEP小学英语教材为蓝本，提炼出适用于肇庆市和粤东西经济欠发达地区的语音"八步"教学模式，该模式是在"以学习者为中心"的教育教学观念指导下提炼出来的：复习—语境中感悟—找相同字母和相同音—辨音游戏—吟唱歌谣—规则拼读（Blending）—听音写词（Making words）—图文阅读（Reading for fun）。只要是上Let's spell，都可以照着这个模式进行备课。这个语音教学设计的精髓在于不是教给学生这个字母的发音，而是让学生通过感悟，参与知识形成的过程，并通过自编故事，让学生在图文阅读中提升综合运用语言的能力。

2. 提炼出10+1系统教学模式，凸显效果。根据艾宾浩斯遗忘规律，考虑到本地区语音课时量不足的情况（每周三节英语课），课题组探索出一种最佳的教学模式——每节课10分钟的语音教学加每单元一节完整的语音课，简称"10+1系统教学模式"。实践证明，历经2至3年的系统训练，学生才能达到在符合读音规则的背景下"见词能读，听音能写"的程度。

3. 创新使用教材。

（1）调整教学顺序。三年级上册的教材设计是把26个字母分在6个单元进行学习。实验初期，课题组按照教材的编排，每个单元上一节语音课，结果发现学生的遗忘率特别高，书写习惯的养成不理想，学生的拼读能力没有得到提高，处于一种原地踏步的状态。研究表明，一个习惯的基本养成最少需要21天，一个比较固定的习惯的形成则需要坚持90天。另一研究表明，教授字母的发音的最佳时机是在学生熟练掌握字母之后。鉴于此，课题组调整了教学计划，对三年级上册的Letters and sounds板块做了系统调整：第一学期的前三周系统教授字母，这种做法对学生良好书写习惯的养成起到了很好的效果，也符合语音教学的规律：先学字母，后学发音。

（2）创编故事。根据在情境中教授语音的教学原则，课题组在每个语音板块都把含有相同音的单词编成一个有趣的故事，既拓展了学生的词汇量，又培养了学生的阅读能力。

（3）引领本地区语音教学上一个新台阶。以前，本地区没有教师会上教材中的语音课，也不重视语音课。现如今，关于语音教学的论文如雨后春笋般涌现，语音教学在学校得到全面实施，本地区的语音教学也上了一个新台阶。学生的拼读能力越来越强，参赛的获奖等级逐年攀升。

（四）效果表现

1. 有效构建了PEP版语音教学模式。

2. 深化了本地区的英语语音课堂教学改革。多年来，通过研磨课例，课题组的9位老师分别在省、区、市、校上过研讨课，获得听课老师们的高度评价。笔者组织了第四片区（共7所学校）语音教学比赛，要求参赛教师在备课中体现出在情境中教学。从参赛教师的课例中，笔者欣喜地看到，老师们都会上语音课。笔者指导的罗燕老师的教学设计更是获得同行们的一致认可。我们的语音课模式已经成为端州区和肇庆市的风向标。

3. 推广经验，受到粤东西欠发达地区的欢迎。高要、大旺、江门都有课题组成员推广经验的足迹。到肇庆听课题组推广经验的有江门、珠海、广东省农村全科骨干教师培训班的老师。

4. 提升了课题组教师的专业素养。课题研究对老师的要求比较高，在不断地探索、实践和研究过程中，教师的教育科研意识得到加强。为了使本课题研究更具实效性，课题组成员分别申报了两个省级小课题：《PEP小学英语三年级下册Let's spell有效教学模式的研究》《Phonics在小学中低年级英语单词教学中的渗透方法研究》。两个小课题均已结题，并收获了较高的评价。《PEP小学英语语音教学模式在肇庆中心城区的实践研究》这一课题在肇庆市端州区2016年基础教育科研成果评选中荣获二等奖。

课题组教师的教育教学技能有了质的飞跃，教师们撰写的论文、教案，设计的课例在各级各类评比中屡获殊荣。论文与课题见表1-2-1-1，课例与经验推广见表1-2-1-2。

表1-2-1-1

姓名	时间	参赛、获奖项目	等级
陆梅红	2014	成功申报小课题《PEP小学英语三年级下册Let's spell有效教学模式的研究》，该课题于2016年5月结题	省级
	2015	论文《字母操有效教学的实践》参加区年会评比	一等
	2016	论文《例谈PEP小学英语Let's spell 板块的八步教学法》在《读写算》上发表	省级
	2016	《PEP版小学英语语音教学模式在肇庆中心城区的实践研究》在端州区基础教育科研成果评比中获奖	二等
黎丽娜	2015	论文《Phonics 的教学研究与实践》参加市评比	三等
	2016	《Phonics 在小学中低年级英语单词教学中的渗透方法研究》参加广东省教育学会第二届教育科研规划小课题研究成果评审	二等
周 婷	2015	论文《浅谈小学英语词汇教学研究》参加2015年肇庆市教育学会中小学外语教学专业委员会主办的优秀教育教学论文评比	二等
胡文思	2015	论文《如何巧妙运用Phonics 教学》参加区年会评比	三等
	2016	论文《探究在Phonics教学中培养小学生语音意识的策略》在《新课程研究》发表	省级

表1-2-1-2

姓名	时间	参赛、获奖项目	等级
陆梅红	2013	PEP Book 1 Letters and sounds 研讨课	区级
陆梅红	2014	5月，PEP Book 2 Unit 4 Let's spell 参加端州区小学英语课堂教学名师录像课评比	特等
		11月，在江门市江华小学上示范课	省级
	2015	5月，PEP Book 2 Unit 2 Let's spell 参加端州区"一师一优课，一课一名师"课例评比	一等
		10月，为广东省农村全科骨干教师培训班的老师们做专题讲座	省级
	2016	Let's spell参加广东省幼儿园、小学微课征集评选活动	三等
黎丽娜	2015	PEP Book 6 Unit 3 Let's spell参加端州区"一师一优课，一课一名师"课例评比	一等
罗燕	2015	PEP Book 3 Unit 4 Let's spell参加端州区小学英语教师优质课评比	特等
		10月，PEP Book 3 Unit 4 Let's spell送教到肇庆市第七小学	区级
		11月，PEP Book 3 Unit 4 Let's spell送教到肇庆市爱华小学	区级
		12月，为顺德区大良名师工作室成员（16所学校的骨干教师）上示范课	市级

姓名	时间	参赛、获奖项目	等级
林柏颖	2014	PEP Book 2 Unit 3 Let's spell研讨课	市级
	2015	PEP Book 2 Unit 4 Let's spell送课到肇庆市大旺高新区中心小学、高要大湾镇中心小学	区级
林晓珊	2015	PEP Book 1 Unit 3 Letters and sounds参加端州区小学英语教师优质课评比	二等
周 婷	2014	PEP Book 3 Unit 3 Let's spell研讨课	校级
覃 慧	2016	PEP Book 5 Unit 3 Let's spell研讨课	区级
胡文思	2015	PEP Book 2 Unit 5 Let's spell为江门市五显小学的老师上研讨课	市级
何丽君	2016	PEP Book 3 Unit 5 Let's spell研讨课	校级
刘瑞怡	2016	PEP Book 1 Unit 4 Let's spell 研讨课	校级

5. 促进了学生素质的全面发展和提高。课题研究的几年间，学生参加各级各类的比赛屡获殊荣，参赛人数和获奖人数呈逐年上升趋势。

（1）2014年肇庆市第一届英语口语大赛，李达镐同学荣获小学组的冠军。（共有1人获二等奖，7人获三等奖）

（2）2016年广东省中小学英语朗读能力在线展示活动地市级复赛，荣获二等奖的有2人，三等奖的有9人。端州区英语口语大赛，高阡绫同学荣获A组的亚军。（共有6人获得一等奖，8人获得二等奖，10人获得三等奖）

（3）2014—2016年，学生参加广东省"一拼到底"媒体电视大赛，获奖人数和等级呈逐年上升趋势（图1-2-1-1）。

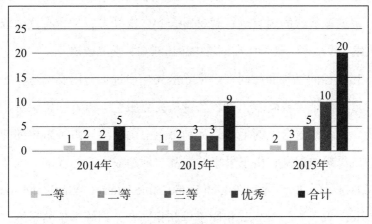

图1-2-1-1　学生参加"一拼到底"比赛获奖统计

这一系列活动，培养了学生的英语学习兴趣，提高了学生的单词记忆和阅读能力，锻炼了学生的胆量，磨炼了学生的意志，培养了学生的协作精神，促进了学生的思维发展。

（五）案例分析

以Book 2 Unit 2 My family Let's spell 为例。

1. 复习。克拉申认为，理想的输入应具备四个特点：可理解性；既有趣，又有关联；非语法程序安排；有足够的输入量。Warming up以语音歌和字母操作为热身导入，符合既有趣又有关联的原则。在复习导入这一环节，必须唤起学生的旧知，明快的歌曲，辅以字母操和语音动作，能驱赶学生的倦意，让学生以轻松、愉快的情绪进入学习状态并且在不知不觉中复习了letter name 和letter sound。

2. 语境中感悟。高明兰老师在自然拼读教学原则中指出：阅读理解依赖语境，拼读训练也不能脱离语境。英语教师要善于利用多种手段创设情境和语境，让学生在上下文中理解单词的意义，掌握并运用读音与拼写的对应规则，提高单词认读能力与篇章认读能力。根据该节课的内容进行教材整合和二次开发，把含有这个音的单词编一个故事，让学生在语境中感悟新知，学习新知。

3. 找相同字母和相同音。朱光潜先生说过：肯用心思考，才会发现自己的难关或暗病，也才会设法去克服它。语言和思想总是一致的。大多数语言上的毛病，都是思想上的毛病。由于思想懒惰，就造成思想的混乱；由于思想的混乱，就造成语音的混乱。因此，需要通过以下两个问题：Which is the same letter?　What's the sound of letter "e"？让学生找相同字母和相同音，训练学生的思维，让学生自己找规律。

4. 辨音游戏。如设计一个Bomb game，让学生听音，训练学生辨音的能力。比如，When you hear the /e/ sound, please say "Yeah！" If not, please say "Bomb！" 先全班进行，再四人抢答，让学生的参与面最大化。

5. 吟唱歌谣。人教版《教师教学用书》在提倡的教学理念中指出：设计课堂活动时，尽可能考虑小学生的自我意识和与他人合作的意识，以使课堂活动既有利于小学生的语音能力培养又有利于其合作意识的培养。首先设计小组活动，要求学生以小组合作的形式边听歌谣边拍手，逐渐加大活动的难度，以此训练学生的合作能力和辨音能力。比如，When you read the word with /e/ sound，you can clap your hands. 最后请三个小组表演。

6. 规则拼读。培养学生见词能读能力的基础是拼读教学。如果学生能够流利地拼读单词，将对他以后的口语能力和阅读能力的提高有很大的帮助。笔者在课件中设计了ed、en组合各六个单词，以培养学生的拼读能力，并遵循循序渐进原则，先全班进行，再比赛，让每个学生都有练习的机会。

7. 听音写词。让学生掌握通过音形一致的规律去记忆单词的方法是利用自然拼读法教授字母的目的之一。拼写教学就是指导学生学会如何把字母或字母组合的音转变成形。为了调动学困生的积极性，可以把活动设计如下：听读单词，用字母操以小组的形式表演出来。实践证明，学生都参与其中，乐此不疲。

8. 图文阅读。自然拼读的主要目标是阅读能力的提高，利用阅读内化规则是必要且重要的。语篇教学有以下四个优点：①有利于培养学生运用语言进行交际的能力。②更能激发学生学习的积极性，逐步形成以学生为中心的课堂教学。③有利于创造和谐自然的语言环境，让学生沉浸在使用目的语的环境中进行有意义的交际。④有利于培养学生分析问题和解决问题的能力。语音教学是为阅读服务的，低学段学生以图文阅读为主。据此，用含有/e/音的单词编一段与该课主题相关的文字，配上图画和录音，能帮助学生及时巩固自然拼读知识，还有助于学生提高音素觉识和听说能力，并可以培养学生的表演能力。

在实际的小学英语教学中，语音"八步"教学模式已经在不同学校和班级中得到应用，以下是对其中两个案例的详细分析，以展示该教学模式在实际教学中的效果和影响。

案例一：肇庆市第十五小学

笔者在肇庆市第十五小学的一个班级中实施了语音"八步"教学模式，对比发现该班学生的语音水平和学习兴趣有了显著提升。在教学实施初期，教师通过情境导入，如播放英文儿歌，让学生在轻松的氛围中接触新语音知识。通过概念演示，教师将抽象的音标概念转化为具体的发音示范，让学生能够直观地理解。模仿训练阶段，学生们积极模仿，教师及时给予反馈与纠正，确保发音的准确性。自主探索阶段，学生们通过小组活动，如拼写比赛，主动学习语音规律。应用实践阶段，学生在创设的对话场景中使用新学的发音规则，提高了口语能力。反思与调整阶段，学生们在教师的指导下，定期反思自己的语音进步，并根据反馈调整学习方法。最后，在迁移与拓展阶段，学生们将所学应用到阅读和写作中，进一步巩固了语音技能。

在教学实施后的评估中，学生的语音水平明显提高，口语表达能力增强，课堂参与度显著提升，家长对于孩子的进步表示满意。更重要的是，学生们对英语学习的兴趣大增，开始享受学习语音的过程，而不仅仅是追求考试分数。这表明语音"八步"教学模式在提升教学效果、激发学习兴趣和增强家长满意度方面具有显著优势。

案例二：肇庆市第一中学实验学校

在肇庆市第一中学实验学校的一个班级中，笔者将语音"八步"教学模式与数字化资源相结合，以提升教学效率和个性化。教师利用在线拼读软件作为辅助工具，为学生提供个性化的语音训练。在情境导入阶段，教师利用多媒体资源，如动画短片，来激发学生对语音学习的兴趣。在模仿训练和应用实践阶段，学生通过互动软件进行发音练习和对话模拟，教师和智能系统提供实时反馈。

结果显示，该校的学生成绩提升显著，特别是在发音准确性和口语表达上。学生们在使用数字化资源的过程中，不仅提高了语音学习的效率，还增强了自主学习的能力。家长反馈也显示，他们通过线上平台能够更直观地了解孩子的学习进度，这加强了他们对学校教学的认同和支持。在科技的辅助下，语音"八步"教学模式在该校实现了个性化教学，使得每个学生都能根据自己的学习节奏和需求进行学习。

这两个案例展示了语音"八步"教学模式在不同学校的实施效果，无论是传统教学环境还是整合了数字化资源的课堂，该模式都能够有效提升学生的语音水平，增强其学习兴趣，同时提高家长的满意度。通过案例研究，我们进一步验证了语音"八步"教学模式的实施可行性及对于小学英语语音教学的积极影响。未来的研究应继续探究这种模式在更广泛的教学环境中的应用，以及如何进一步优化教学策略，以期实现更全面、更具个性化的语音教学模式。

三、语音"八步"教学模式的评价

教学效果评价是衡量语音"八步"教学模式实施成效的关键环节。通过对学生的学习进步、技能掌握、学习兴趣及家长满意度的综合评价，我们可以全面了解该教学模式的实施效果，并为未来的教学改进提供依据。

学生的学习进步可以通过标准化的语音测试来衡量，如音素识别测试、音标拼读测试及口语表达评估。这些测试能够量化学生在语音知识和技能方面的提升，直观地反映出语音"八步"教学模式的实效性。此外，还可以通过比较实施前后的测试成绩，分析该教学模式对学生语音学习的长期影响。

技能掌握是教学效果的直接体现。教师应定期观察并记录学生在模仿训练、应用实践和反思与调整阶段的表现，以评估他们是否能正确地运用所学语音知识，以及是否具备独立解决问题的能力。

通过观察和记录，教师可以调整教学策略，确保学生都能在练习中得到充分的提升。

学习兴趣的提升是评价教学模式成功的重要指标。教师可以通过观察课堂参与度、学生的反馈和自我评价，了解他们对语音学习的态度是否变得更加积极。教师还可以设计问卷调查，询问学生对语音"八步"教学模式的喜好程度，以获得更具体的数据支持。

家长满意度的评估则是通过家长反馈和参与度来实现的。学校可以定期邀请家长参与教学活动，如观摩课堂、家长会或线上交流，收集家长对教学模式的反馈。此外，通过家长对孩子学习进步的观察和对其口语表达能力的评价，也可以反映出教学模式的影响力。在评估过程中，还应关注语音"八步"教学模式在不同学生群体中的适应性。例如，针对不同英语水平、学习风格和家庭背景的学生，教学模式的效果可能会有差异。因此，需要进行分组分析，以便更准确地把握该教学模式的优缺点，为个性化教学提供依据。教学效果的评估应结合定性和定量分析，以确保评估结果的全面性和准确性。定性分析通过观察、访谈和问卷等手段收集非数值化的数据，定量分析则通过统计分析测试成绩、参与度等数据。两者结合，可以为语音"八步"教学模式的优化提供有力的证据。

教学效果评估是持续改进教学模式的重要环节，通过对学生的学习进步、技能掌握、学习兴趣和家长满意度的综合评估，可以确保语音"八步"教学模式在小学英语语音教学中持续发挥优势，并在未来的实践中不断优化。

随着科技的快速发展和教育理念的革新，未来的语音"八步"教学模式将更加注重个性化、互动性和科技融合。以下几点将引导这一教学模式的未来发展趋势。

1. 混合式学习。语音"八步"教学模式将更多地融入混合式学习元素，结合线上资源和传统课堂教学，以适应学生的个性化学习需求。这可能包括使用AI（人工智能）技术进行个性化语音训练，以及利用在线平台进行互动对话和自我评估，从而提高学习效率和趣味性。

2. 数据驱动教学。通过收集和分析学生的学习数据，教师将能够更好地理解学生的语音学习进度和弱点，从而进行更精准的个性化教学。大数据分析可以帮助教师识别学生在模仿训练、应用实践等关键步骤中的困难，以便提供针对性的反馈和指导。

3. 情境化与生活化。语音"八步"教学模式将进一步加强与现实生活的联系，通过创设更多与学生生活紧密相关的情境，让学生在实际应用中学习和提升语音技能。例如，利用虚拟现实技术创设真实的交流情境，让学生在模拟环境中练习和提高口语表达能力。

4. 家长参与的深度和广度。随着家长参与度在教育中的重要性日益凸显，未来的语音"八步"教学模式将设计更多的亲子互动环节，如家庭语音游戏或家庭作业，以鼓励家长成为孩子的学习伙伴，共同参与语音学习的过程。同时，通过家长教育研讨会或在线平台，提升家长对语音学习的理解和辅导能力。

5. 评估体系的完善。未来的语音"八步"教学模式将发展出更为全面的评估体系，包括实时反馈、自我评估和同伴评估，以促进学生的主动学习和自我反思。评估工具和方法将更加多元化，如使用语音识别软件进行自动评估，以及同伴互评来培养学生的批判性思维和合作能力。

6. 与多元教学策略的融合。语音"八步"教学模式将与其他有效的教学策略如PWP（三阶段阅读教学）模式、合作学习和项目式学习等相结合，以实现更全面的语言技能培养。这种融合将有助于提升学生的综合语言能力，而不仅仅是语音技能。

7. 持续研究与改进。随着教学实践的深入，未来需要不断进行实证研究，以检验语音"八步"教学模式在不同学生群体、教学环境和文化背景中的有效性。持续的反思和改进将确保教学模式始终保持其前瞻性与适应性。

语音"八步"教学模式将在未来的发展中，以学生为中心，结合最新的科技手段，深化家长参与，提升教学的个性化和互动性，以适应不断变化的教育需求。同时，通过与多种教学策略的融合，以及持续的评估和改进，该模式将为小学英语语音教学提供更为全面、高效的解决方案，引领小学英语教育的持续创新与进步。

语音"八步"教学模式作为一项创新的教学方法，成功地整合了教育心理学、二语习得理论以及现代教学理念，为小学英语语音教学提供了一条系统化、情境化和互动性强的实践路径。实践研究证明，该模式在提升学生语音水平、激发学习兴趣、增强家长参与度和适应不同教学环境方面展现出显著优势。在案例分析中，肇庆市第十五小学和肇庆市第一中学实验学校的实践进一步验证了语音"八步"教学模式在传统和数字化教学环境中的有效性。

语音"八步"教学模式通过情境导入、概念演示、模仿训练、反馈与纠正、自主探索、应用实践、反思与调整、迁移与拓展等步骤，确保学生在掌握语音知识的同时，培养了良好的发音习惯和口语表达能力。此外，它还强调了教师的引导作用和家长的参与，为教学模式的持续优化和个性化提供了有力支持。语音"八步"教学模式不仅是一种教学工具，更是一种革新性的教学理念，它以学生为主体，通过精心设计的步骤，激发学生的学习兴趣，提高语音敏感度，增强口语表达能力。在小学英语教学中，该模式展示了广泛的适应性和显著的成效，为优化语音教学提供了可行路径，并在教育实践中展现出巨大的潜力。随着未来教育科技的不断发展，语音"八步"教学模式有望在全球范围内得到更广泛的应用和推广，推动小学英语教育的持续进步。

第二节　发展核心素养

一、核心素养的概念

（一）核心素养的定义

核心素养，作为教育改革的新焦点，其定义在全球范围内并未达成统一，但其基本共识在于：它是一种跨学科、跨领域的综合能力，旨在培养个体在复杂多变的社会环境中持续学习、适应变化、创新思考和积极参与社会活动的能力。这一概念超越了传统的知识和技能传授，更加强调个体的态度、价值观和社交能力的塑造，是衡量个体全面发展和社会进步的重要指标。在国际教育改革的语境中，核心素养的定义通常包括批判性思维、创新精神、沟通协作、人文素养和科学素养等要素。这些要素被视为个体适应终身发展和社会需求的必备能力，它们在个体的全面能力结构中起着基石作用。例如，批判性思维鼓励个体在面对信息时进行深度分析、评估和决策，创新精神则推动个体在解决问题时寻求新颖且有效的解决方案，而沟通协作则确保个体能有效地与他人合作，共同达成目标。

教育部依据立德树人的教育目标，将核心素养划分为文化基础、自主发展和社会参与三个方面，具体表现为人文底蕴、科学精神、学会学习、健康生活、责任担当、实践创新六大素养。这些素养的培养旨在促进个体在情感、态度、价值观、知识、技能等多维度的全面发展，以适应社会的多元化需求，培养出全面发展的人才。

核心素养的定义强调了教育的终极目标，即培养个体的综合素质，而不仅仅是知识和技能。它强调教育应当关注个体的全面发展，包括情感、态度、价值观以及跨学科解决问题的能力，这些能力是面对未来挑战和实现终身学习的基础。同时，核心素养也旨在提升国家的教育质量和竞争力，因为一个国家的未来取决于其公民的综合素质，而非单一的学科知识。

（二）核心素养的重要性

核心素养的重要性在教育领域日益凸显，它被视为21世纪个体成功的关键，也是社会进步的基石。教师通过语音"八步"教学模式实践教学，明确了在教育过程中，核心素养不仅包括知识和技能，更重要的是态度、价值观和社交能力的培养。这一观点与核心素养的全球定义相吻合，即它是一种跨学科、跨领域的综合能力，旨在培养个体面对复杂环境的适应能力。

在教育改革的背景下，核心素养的重要性在于它超越了传统的知识和技能传授，关注个体在情感、态度、价值观以及跨学科解决问题方面的能力。这些能力是未来社会中必不可少的，因为知识更新速度日益加快，终身学习成为常态，而批判性思维、创新精神、沟通协作则是应对变化、解决问题、推动社会进步的关键。例如，具备批判性思维的学生不仅能够理解知识，更能批判性地分析信息，做出明智决策，这在信息爆炸的时代至关重要。

在教育改革的语境中，核心素养的重要性体现在其对个体全面发展的促进上。文化基础、自主发展和社会参与三大方面以及六大素养的提出，正是为了确保学生在情感、态度、价值观、知识、技能等多维度均衡发展，以适应社会的多元化需求。这与国际上对核心素养的重视相呼应，即它不仅关乎个体的终身发展，也影响着国家的未来竞争力。

核心素养对于教育评价体系的改革也有深远影响。以往的评价体系往往侧重于知识和技能的考核，而忽视了态度和价值观的衡量。随着核心素养的提倡，评价体系应转向对学生综合能力的评估，如创新思维的培养、团队合作的表现、社会责任的担当等，以鼓励其全面发展。这要求教育者在设计课程和评价体系时，鼓励学生主动参与，培养他们的自主学习能力和问题解决能力，从而更好地体现核心素养的价值。

核心素养的重要性在于它为个体提供了适应未来社会挑战的必备能力，同时推动了教育理念和实践的革新。发展核心素养不仅是教育改革的核心目标，也是实现立德树人的根本任务，旨在为社会培养出适应需求的全面发展的人才。因此，教育政策制定者、教师和家长必须充分认识到核心素养的重要性，共同努力将它的培育融入教育的全过程，确保教育改革的顺利推进。

二、发展核心素养的策略

（一）教育环境中的核心素养发展

在教育实践中，发展核心素养的关键在于创造一种能够促进学生全面发展，特别是在情感、态度、价值观和跨学科能力方面成长的教育环境。教育环境的构建应以学生为中心，鼓励自主学习，提倡合作探究，同时融入文化、科学和社会的多元元素，以实现核心素养的发展。

教育者应创设一种多元化、探究式的学习环境。这种环境不仅为学生提供丰富的学习资源，还鼓励学生主动参与，通过解决实际问题来学习和应用知识。例如，以任务为基础的学习项目，让学生在完成任务的过程中，自然地运用批判性思维、创新精神和沟通协作能力。通过这种方式，学生既提升了解决问题的技能，又培养了跨学科的整合能力。

教师的角色在这种教育环境中至关重要。教师应当从传统的知识传授者转变为引导者和合作者，激发学生内在的学习动力，引导他们主动探索，而非仅仅被动接受知识。教师需要在课堂中设计各种活动，让学生有机会运用所学知识解决实际问题，同时培养他们的批判性思维和创新精神。教师的这种转变，有助于形成以学生为中心、注重过程的教育环境，从而更好地支持核心素养的发展。

跨学科整合教学是另一个培养核心素养的关键策略。通过将不同学科的课程内容有机融合，学生能够发现知识之间的横向联系，理解实际生活中知识的应用，这有助于提升他们的综合能力。例如，科学课可以与艺术课结合，让学生通过艺术创作来表达科学概念，这样既锻炼了科学素养，又培养了创新精神和人文素养。这种跨学科的教学模式，不仅能拓宽学生的知识视野，也有助于他们形成独立思考和解决问题的能力。

评价体系的改革也是教育环境的重要组成部分。为了充分反映核心素养，评价体系应从传统的知识考核转向对态度、价值观和软技能的评价。通过过程性评价，如项目表现、团队合作评价、自我反思等，可以更全面地衡量学生在核心素养上的进步。利用互联网和大数据技术，可以实现对学生活动的实时追踪和分析，为学生提供更全面、个性化的反馈，以支持核心素养的发展。

教育环境在发展核心素养的过程中起着至关重要的作用。通过构建多元化、探究式的学习环境，鼓励教师角色的转变，实施跨学科整合教学，以及改革评价体系，我们可以为学生提供能够促进核心素养全面发展的教育环境。这将有助于培养出适应未来社会挑战的全面发展的人才，推动教育改革的进程，实现立德树人的根本目标。

（二）跨学科整合的核心素养发展

跨学科整合是教育领域中发展核心素养的一种先进策略，它强调不同学科之间的深度融合，旨在打破学科间的壁垒，培养学生的综合能力和创新思维。跨学科整合教学不仅关注知识的横向联系，更关注如何将知识应用于实际情境中，这与核心素养中强调的批判性思维、创新精神和实践创新能力相契合。

在跨学科整合中，教师不再是知识的单向传播者，而是引导学生进行跨领域探索的伙伴。他们设计富有挑战性的任务，促使学生将不同学科的知识结合起来解决问题。例如，历史教师可以与科学教师合作，让学生通过研究历史上的科技革新，了解科学进步对社会的影响，从而锻炼他们的人文底蕴和科学精神。这样的教学方式不仅让学习过程更具趣味性，也使得学生在解决问题时能从多元视角出发，提升他们的创新能力和批判性思维。

跨学科整合还促进了沟通协作和团队合作能力的培养。在完成跨学科项目时，学生需要与同伴交流思想，共同制定策略，这有助于他们在合作中学会理解和尊重他人的观点，培养团队协作精神。

同时，共同面对挑战和解决问题的过程，也有助于提升他们的沟通技巧和领导能力，这些都是核心素养中沟通协作能力的体现。在课程设计上，教育者可以围绕一个核心主题，融合不同学科的知识点，让学生在真实情境中应用所学。例如，围绕"环境保护"这一主题，可以结合生物、地理和化学知识，让学生研究环境污染的原因、影响及防治方法，这样既能提升他们的科学素养，也能增强他们的社会责任感。

评价体系在跨学科整合中也应有所调整，以适应新的教育目标。教师可以采用形式多样的评价工具，如项目展示、小组讨论、反思报告等，来评估学生的跨学科整合能力、问题解决能力以及创新思维。同时，利用信息技术收集和分析学生在项目过程中的数据，可以更全面地了解他们在核心素养上的发展，从而为个性化教学提供依据。

跨学科整合教学的实施，需要教育政策的支持和教师的专业发展。政策上，应鼓励和支持学校在课程设置、教师培训和评价体系上进行创新，为跨学科整合提供制度保障。教师则需要通过专业发展活动，提升自身的跨学科整合能力和教育创新能力，以便更好地引导和激发学生的核心素养发展。

跨学科整合是发展核心素养的有效途径，它通过打破学科壁垒，培养学生的综合能力和创新思维，帮助他们更好地适应未来社会的挑战。通过教育环境的调整，教师角色的转变，以及评价体系的改革，我们可以构建一个支持跨学科整合教学的教育生态，为学生提供更为全面、深度的学习体验，从而推动核心素养的培养，促进教育的持续进步。

面对教育改革的"3.0时代"，我们需认识到发展核心素养既是培养未来公民素质的关键，也是提升国家教育竞争力的必然选择。教育政策制定者、教师和家长应以立德树人为目标，共同努力，将核心素养的培育融入教育的全过程，以塑造个体的全面发展并推进社会进步。本节的系统性研究不仅深化了教育理念，还为教育实践改革提供了理论指导，有助于培养能够适应未来社会挑战的全面发展人才。

第三节　灵动课堂教学设计

人教版PEP英语三年级下册 Unit 2 My family Let's spell 教学设计

一、设计理念

英语学科的核心素养包括语言能力、文化意识、思维品质和学习能力四个维度。在英语教学中，各种课型都应该潜移默化渗透核心素养的培养。在语音教学中，教师可以通过多个维度来培养学生的核心素养。例如：通过让学生找例词中的相同字母，感悟字母的发音，从而找出字母的发音规律，培养学生的观察力和推理、判断能力；通过有趣的语音故事学习，培养学生的阅读素养和多元的思维品质；通过感悟故事的寓意，培养学生的良好品格；等等。

人教版小学英语课本的语音部分主要是三年级上册的Letters and

sounds 和其他册次的 Let's spell，本节课的核心内容就是三年级下册第二单元 Let's spell 板块的内容。它的特点就是通过一个 chant 和四个例词以及一些简单的练习帮助学生掌握发音规律。根据学生应该多元发展的原则，笔者对教材内容进行了资源整合，借助《攀登英语阅读系列 有趣的字母——Red Ben》这个故事对教材内容进行补充，希望能引导学生在以故事为基础的学习中，通过听故事、讲故事、演故事，感悟字母的发音规则，并能将习得的发音规则运用到单词的拼读中去。

二、学案设计

1. Listen, repeat and chant. 听一听，重复，跟着唱（图 1-2-3-1）。

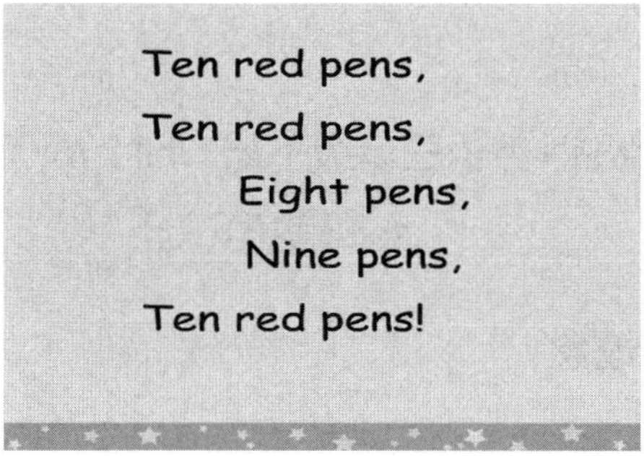

Ten red pens,
Ten red pens,
Eight pens,
Nine pens,
Ten red pens!

图1-2-3-1

2. Which is the same letter? What's the sound of letter "e"? 哪个字母重复出现？字母"e"的读音是什么？

ten red pen leg

3. Read, listen and circle. 读一读，听录音，圈出听到的单词。

（1）red leg （2）ten pen （3）ten red （4）seven pencil

4. Listen and write. 听录音，写单词（图1-2-3-2）。

Listen and write. 🎧

ten   *red*

leg   *pen*

图1-2-3-2

5. Read the story and "√". What does Ben paint？读故事，"√"出Ben画过的东西。Ben涂了什么东西（图1-2-3-3）？

elephant   bell   well   hen   bed

eggplant   lemon   egg   jet   net

图1-2-3-3

三、教学实施设计

Warming up

T：Good morning，boys and girls. I like singing very much. Let's sing together.

（play a phonics song. ）

【设计意图】一首旋律轻快、动作有趣的英文儿歌，在表演的过程中，很快就让学生有了轻松的心情，并在不知不觉中接触了字母及其对应的发音,为新课的学习做好铺垫。

T:Now,let's play a game—Simon says.(PPT Show pictures.)

Act like a hen. Act like an elephant. Fly like a jet. Shake your legs. Act like a pen.

【设计意图】把含有"/e/"音的单词汇编成有趣的句子,以TPR活动的方式,既激发了学生的学习兴趣,又让学生在不知不觉中增加听力的训练。最后一个pen,为新课的引入做铺垫。

Presentation and practice

1. A chant.(书本的童谣)

(1)Listen and say,what sound do you hear most?

(2)Read the chant,circle the words with "/e/" sound.

> Ten red pens,
>
> Ten red pens,
>
> Eight pens,
>
> Nine pens,
>
> Ten red pens!

(3)Read the words together.

ten,red,pen

T:Which is the same letter? What's the sound of letter "e"?

【设计意图】教师读例词,让学生感悟读音。通过让学生找相同字母和相同音的练习,让学生感悟发音规律,培养学生的观察力和推理能力。

(4)Let's chant together.

2. A Bingo game. When you hear the "/e/" sound, please say "Bingo". If not, please say "Bomb".(先全班,再4人抢答。)

（PPT）she，ten，red，girl，bed，desk，juice，boy，leg，seven，pencil，milk

【设计意图】让学生听音，训练学生辨音的能力。

3. Read，listen and circle.

（1）red　leg

（2）ten　pen

（3）ten　red

（4）seven　pencil

4. Listen and write.

ten　red　leg　pen

Consolidation

1. Blending.

T：I can make these words interesting. I can read them this way.

（PPT）ed、en 组合各6个单词

bed　ced　ded　fed　ged　hed

jen　ken　len　men　nen　sen

【设计意图】让学生根据读音规则读单词，培养学生见词能读的能力。

2. Making words.（Pair work）

T：Now it's your play time. Take out the letters from your envelope，put them on your desk one by one.

red　egg　hen　Ben

【设计意图】培养学生听音能写的能力和合作意识，通过摆字母，增加活动的趣味性，引出故事中将会出现的部分单词。

Development

1. Ben has ten red pens. （PPT引出本课的主角）

T：Look at him. What colour is his T-shirt? What colour are his shoes? What colour are his shorts? So，we call him Red Ben. （板书标题）

2. T：Now I will show you a story about Ben. Look at the front cover. What do you think Ben might like to do? Now，let's read the story and find out. （PPT完整播放一遍故事）

【设计意图】以旧引新，通过谈论Ben 的衣着与颜色，引出故事主题。提出问题，让学生带着问题完整地看一遍故事，在语境中感受含有"/e/"音的单词并找出问题的答案。

3. In the story，Ben paints many things. Read the story again and tick the things Ben paints.

（教师把故事中含有"/e/"音的单词以mind map的形式贴在黑板上，并问"Do they like red？"。）

【设计意图】让学生带着任务听第二遍故事，并在worksheet上完成对应的练习。让学生观察故事中角色们的表情，对学生进行品德教育：不要把自己的意愿强加在别人身上。

4. Read the words together.

hen，egg，elephant，lemon，eggplant

T：Which is the same letter? What's the sound of letter"e"？

【设计意图】教师读黑板上的单词，再次让学生感悟读音。

5. Let's read the story together.

6. Act out the story. 当听到含有"/e/"音的单词时，就用动作表演出来。

7. T：Do you know any other words with the "/e/" sound?

黑板的一角：well, bell, leg, net, pencil, seven, eleven, elf, elk

【设计意图】拓展学生的词汇量。

8. Make up a new story.

【设计意图】小组活动，培养学生的合作意识。通过创编故事，培养学生的创造性思维，把本节课的学习推向高潮。

Summary

T：Today，we have learned letter "e" and its sound "/e/". Let's read the words we've learned together.

Homework

1. Read the story.

2. Write down the words which have the "/e/" sound.

四、板书设计

五、导师点评

本节课是一节语音课，教学设计与实施围绕语音教学的特点展开，整个过程结构清晰，目标明确，方法得当，教学实效性较强。

1. 语音与情境和趣味相结合。授课教师借助文本插图和朗朗上口的chant创设情境，帮助学生在有意义的、直观具体的学习材料中理解抽象的语音概念，探究字母在单词中的发音规律。

2. 教师采用说唱结合的方式，注重韵律，培养学生的语感，使乏味的语音教学变得生动有趣，深受学生的喜爱。

3. 课内语音教学内容与课外相关的语音教学故事相结合，丰富了语音课的教学内容，使学生在充分的语音材料感知中开展自主探究，感悟出字母在单词中的发音规律，并能把习得的语音规律运用到词汇拼读中。

4. 语音与听、说、读、写能力相结合。授课教师遵循"听说领先，读写跟上"的原则，巧妙地设计了听音圈图、拼读练习、听音组词等一系列活动，引导学生发现并归纳发音规律，学以致用，使学生逐渐形成"听音写词，见词读音"的能力，为后续的英语学习打下坚实的基础。

5. 在本节课中，教师在语音的教学中落实了对学生学科素养的渗透，通过层次分明的活动，培养学生的拼读能力、观察力、推理判断能力、创新思维能力等。

（徐苏燕教授点评）

人教版PEP英语三年级下册 Unit 4 Where is my car?
Let's spell教学设计

一、设计思路

本课为人教版PEP英语三年级下册第四单元Let's spell板块的教学内容。本课的主要教学内容为o的发音规则。在学习本课之前，学生相关的知识储备为：学生通过上学期以及前面三个单元的学习，已经熟练掌握了辅音字母的发音及元音字母a、e、i的短音发音规则。这些已有的相关知识，都可以成为本课学生学习的知识基础，本课将融合学生的已学知识，有层次地展开语音教学：①感知、体验并自己归纳出o的发音规则；②从辨音、拼读等练习中，培养学生的音韵意识和拼读能力，逐步实现见词能读和听词能写；③通过绘本阅读，培养学生独立阅读的能力。

二、学情分析

本课的教学对象是三年级学生，他们已经掌握了一定的英语词汇，具有一定的英语学习的积极性与主动性，具备了一定的英语语言运用能力，求知欲增强。因此，在知识复习的同时，教师要尽可能多地为学生创造良好的语言环境，给学生充足的语言"习得"机会，让学生在学习过程中积极参与、大胆发言，从而形成积极的情感态度和自主学习的能力。

三、教学目标

语言能力目标：

1. 知道元音字母o在单词中的短音发音规则。

2. 能够听音书写单词dog、box、body、orange，并能根据发音规律辨认词形。

学习能力目标：

1. 对英语学习感兴趣，有积极性，乐于学习，敢于表达，积极参与课堂活动。

2. 能够在学习活动中与他人合作，积极思考，掌握字母"o"在单词中的发音规则。

3. 能够在语音练习的过程中提高听力能力，形成初步的听力技巧。

思维品质目标：通过对绘本的学习，引导学生树立正确的人生观和价值观，学会在生活中要相互帮助。

文化意识目标：能够主动与人交流沟通，能在教师指导下，感知英语歌曲的音韵节奏。

四、教学准备

PPT，Video，Little blackboard...

五、教学过程

教学过程见表1-2-3-1。

表1-2-3-1

Teaching procedures	Teacher's activities	Students' activities	Teaching purposes
Step 1 Warming-up	1. Greet and group 2. Sing a phonics song 3. Sing a song	1. Free talk 2. Sing a phonics song 3. Sing the song "on, in, under, by"	通过free talk拉近师生之间的距离，对学生进行分组，借助语音歌曲活跃课堂气氛，帮助学生复习字母的发音。唱方位歌，帮助学生复习已学方位词，导入本节课话题

Teaching procedures	Teacher's activities	Students' activities	Teaching purposes
	Review the words " map/car/ ball/cap" and the sentences "What's this? " "Where is the ...? "	Review the words "map/car/ball/ cap" by using the sentences: —What's this? —It's a car. —Where is the car? —It's on the map.	让学生根据课件上的图片说出单词及其位置，复习单词map/car/ball/cap以及句型 —What's this? —It's a ... —Where is the ...? —It's on/in/under....
Step 2 Presentation	1. Lead in the picture book "What's going on? " Teach the new words with letter "o", such as donkey/ clock/dog/fox/ peacock/frog.	1. Learn the words with letter "o" by using the sentences: —What's this? —It's a donkey. —Where is the donkey? —It's on the clock.	让学生通过已学的句型去学习含有字母"o"的单词，学习绘本故事。 —What's this? —It's a donkey. —Where is the donkey? —It's on the clock.
	2. Teach the students to find out the answer: What's the sound of letter "o"?	2. Retell the story and find out the answer: （1）Who helps the baby bird? （2）Which letter is the same? （3）What's the sound of letter "o"?	让学生通过复述故事，找出含有字母"o"的单词，然后引导学生自己总结出字母"o"在单词中的发音规则

续　表

Teaching procedures	Teacher's activities	Students' activities	Teaching purposes
Step 3 Practice& Consolidation	Ask the students to do some exercises to practice the sound of letter "o".	1. Let's chant 2. Let's blend 3. Game：I say, you do 4. Do some exercises on the English book	通过Let's chant/Let's blend/ I say，you do/Do some exercises on the English book 等活动，学生练习字母"o" 在单词中的发音
Step 4 Extension	1. Retell the story 2. Emotional education	1. Retell the story by looking at the blackboard design 2. Answer the question：What do you learn from the story? 3. Help each other and enjoy yourself	通过黑板上的思维导图复述故事，引导学生思考从中学到了什么。最后，老师对整节课进行情感升华，进一步教育学生要互相帮助
Step 5 Homework	1. Must do：Retell the story 2. Choose one： （1）Find out more words with "o" （2）Try to use the words on page 40 to make a story		

人教版PEP英语四年级上册 Unit 4 My home Let's spell 教学设计

一、设计思路

本课为人教版PEP英语四年级上册第四单元Let's spell板块的教

学内容。本课的主要教学内容为u-e的发音规则。在学习本课之前，学生相关的知识储备为：学生通过三年级的学习，已经熟练掌握了辅音字母的发音及元音字母u的短音发音规则。这些已有的相关知识，都可以成为本课学生学习的知识基础，本课将融合学生的已学知识，有层次地展开语音教学：①感知、体验并自己归纳出u-e的发音规则；②从拼读含有元音字母u发短音的单词到拼读含有u-e的单词；③逐步实现见词能读—听词能写—独立阅读。

二、学情分析

本课的教学对象是四年级学生，通过一年多的学习，从语音知识储备上来看，他们已经掌握了一些CVC结构和开音节的发音规律，本节课的内容对于他们来说并不陌生，在学习的时候，通过温故知新，引导学生在语境中感悟、观察与分析，实现知识迁移，找出规律。

三、教学目标

语言能力目标：

1. 能够感知并归纳u-e在单词中的发音规则。

2. 能够读出符合u-e发音规则的单词，并能够根据单词的读音拼写出符合u-e发音规则的单词。

学习能力目标：

1. 对英语学习感兴趣，有积极性，乐于学习，敢于表达，积极参与课堂活动。

2. 能够在学习活动中与他人合作，积极思考，掌握u-e在单词中的发音规则。

3. 能够在语音练习的过程中提高听力能力，形成初步的听力技巧。

思维品质目标：通过对绘本的学习，引导学生树立正确的人生观和价值观，学会在生活中要待人友好，相互帮助。

文化意识目标：能够主动与人交流沟通，能在教师指导下，感知英语歌曲的音韵节奏。

四、教学重难点

教学重点：u-e的发音规则。

教学难点：能进行发现式学习、观察、感知、体验并自己归纳出u-e在单词中的发音规则。

五、教学准备

PPT，Video，Little blackboard...

六、教学过程

教学过程见表1-2-3-2。

表1-2-3-2

Teaching procedures	Teacher's activities	Students' activities	Teaching purposes
Step 1 Warming-up	1. Greet and group 2. Sing a phonics song	1. Free talk 2. Sing an ABC phonics song	通过free talk拉近师生之间的距离，对学生进行分组，借助语音歌曲活跃课堂气氛，帮助学生复习每个字母的发音
Step 2 Presentation	Lead in the main line：A cute cat's funny day	Know the timetable of the cute cat	Lead in the situation "A cute cat's funny day"，so that students can get into study quickly

Teaching procedures	Teacher's activities	Students' activities	Teaching purposes
Step 2 Presentation	1. It's 8：00. The cute cat wants to play games. （1）Game 1: Let's read （2）Game 2: Let's chant	1. Review the sound of "a" "a-e" "i" "i-e" "o" "o-e" "u" 2. Learn the sound of "u-e"	通过游戏，帮助学生复习字母a、a-e、i、i-e、o、o-e、u在单词中的发音，并学习u-e在单词中的发音
	2. It's 9：00. The cute cat goes to school. 3. Let's listen and chant	3. Circle the words with "u-e" in the chant 4. Find out the rules of the sound of "u-e"	让学生通过观察，找出含有字母组合"u-e"的单词，然后引导学生自己总结出字母组合"u-e"在单词中的发音规则
Step 3 Practice& Consolidation	Do some exercises to practice the sound of "u-e"	1. Play a Bingo game 2. Let's blend 3. Make words	通过Bingo game/Let's blend/Making words等活动，学生练习字母组合"u-e"在单词中的发音，并区分字母"u"和字母组合"u-e"在单词中的发音
Step 4 Extension	1. Paper book 1 The cute cat can sing a tune 2. Emotional education 3. Paper book 2 Duck and Mule	1. Try to read the paper book 2. Answer the question: How do you think of the boy? 3. We should be friendly and help each other.	让学生运用学习的字母组合"u-e"在单词中的发音规则，自己拼读绘本，引导学生思考从绘本中学到了什么。最后，老师对整节课进行情感升华，进一步教育学生要待人友好，互相帮助

续　表

Teaching procedures	Teacher's activities	Students' activities	Teaching purposes
Step 5 Homework	1. Must do：Retell the story 2. Choose one： （1）Find out more words with "u-e" （2）Try to use the words on page 40 to make a story		

第二篇

小学英语语篇

视角下的思维教学

小学英语语篇视角下的思维教学理论研究

第一节　小学英语语篇的概念界定

　　语篇并非简单的语言结构，而是一种功能实体，它体现了说话者或作者的意图，通过上下文的关联，使听众或读者能够理解其深层意义。从早期的语言形式主义到后来的功能主义，再到社会文化语言学的兴起，语篇研究的视角和侧重点不断深化，这直接影响了外语教学中语篇概念的理解和应用。

　　语篇教学的兴起缘于对外语学习目标的重新审视，它试图解决传统教学方法中存在的问题，如过度关注语言点，忽视语言的连贯性和交际性，导致知识割裂。课标对语篇的重视，体现了教育理念的转变，强调语言的综合运用和语境化学习，这无疑对小学英语教学提出了新的挑战。因此，明确小学英语语篇的概念，探讨其特性和构成要素，对于指导教学实践具有重要意义。

一、小学英语语篇的特点

（一）语篇结构与语言特点

　　小学英语语篇的特点在很大程度上决定了学生在学习过程中所

需掌握的技能和策略。语篇结构与语言特点紧密相连，共同构成语篇理解的核心内容。本节将详细分析这两个方面，以期为小学英语教师提供更深入的语篇教学指导。

1. 语篇结构。小学英语语篇的结构通常遵循一定的模式，如记叙文的起因、经过和结果，说明文的定义、特征和举例，等等。这些结构有助于学生在阅读过程中预测内容、理解逻辑关系以及归纳整体信息。教师应引导学生识别不同类型的语篇结构，以便他们能更有效地提取和整合信息。

例如，针对记叙文，教师可以设计活动让学生分析故事的框架，找出故事的主角、冲突、解决方法和结果，从而帮助他们理解叙事结构。对于说明文，教师可以引导学生关注定义部分的关键概念，然后鼓励他们找出支持这些概念的细节和例子。

2. 语言特点。小学英语语篇的语言特点包括词汇选择、句式结构、修辞手法以及语域特征。这些特点不仅影响着语篇的可读性，也反映着作者的意图和话语风格。教师应鼓励学生分析这些特点，以提升他们的语篇理解能力。

在词汇选择上，教师可以引导学生关注关键词汇，尤其是表达转折、因果、比较等语义关系的词汇，以帮助学生理解语篇的逻辑性。在句式结构方面，教师应让学生注意并分析复杂句的使用，如长句、并列句和从句，这对理解语篇的连贯性和层次性至关重要。

修辞手法，如比喻、拟人和夸张等，可以帮助学生理解作者的立场和情感，教师应教授学生识别这些手法，并探讨它们如何影响读者对语篇的解读。语域特征，如正式与非正式、学术与日常，对于理解语篇的功能和读者预期至关重要，教师需要让学生意识到语境与语言风格之间的联系。

小学英语的语篇结构和语言特点构成了理解与分析语篇的基础。教师在教学中应注重培养学生的这些技能，使他们能够在不同类型的语篇中自如地提取信息，理解作者意图，并能运用所学语言知识在实际交流中创造语篇。这不仅能提升学生的语言技能，也有助于他们形成批判性思维和文化意识，从而全面提高小学英语教育的质量。

（二）小学生语篇习得的心理特点

在理解小学英语语篇的过程中，学生的心理特点起着关键作用。这些特点不仅影响他们对语篇内容的接收，还决定了他们如何处理和应用所学知识。在小学阶段，学生正处于认知发展的关键时期，他们的思维模式、注意力集中能力以及学习动机等因素，都对语篇习得产生深远影响。

儿童的认知发展与语篇理解紧密相关。根据皮亚杰的认知发展理论，儿童在不同阶段具有不同的思维模式。在小学阶段，儿童通常处于具体运算阶段，他们能够进行逻辑推理，但仍依赖具体的事物和经验。因此，教师在设计语篇教学时，应选择与学生生活经验相关、易于理解的语篇材料，以激发他们的兴趣和提高他们的参与度。

小学生注意力的集中时间和稳定性有限，这要求教师在教学中采用灵活的教学策略，如分段教学、游戏化学习和互动讨论，以保持学生对语篇的持续关注。教师还应教授学生如何通过预测、提问和总结来提高他们的注意力，这些策略有助于他们更好地理解和吸收语篇信息。

学习动机在语篇习得中也扮演着重要角色。小学生往往对外界充满好奇，对新知识有强烈的学习欲望。教师应利用这一特点，将语篇教学与学生的生活经验、兴趣爱好以及未来目标相结合，激发他们的内在学习动机。例如，教师可以安排角色扮演活动，让学生在模拟的情境中使用语篇内容，从而提高他们对语篇内容的投入度和参与度。

小学生的学习动机还受到外部因素的影响，如教师的反馈和同伴的评价。因此，教师在评价学生的语篇理解能力时，应采用形成性评价，强调进步和参与，以增强学生的自信心和成就感。同时，鼓励学生之间的合作学习，通过同伴间的交流和讨论，促进对语篇的理解。

在教学实践中，教师应充分考虑小学生成长的特殊心理特点，采用适应他们认知发展的教学方法，激发他们的学习兴趣，培养他们的语篇分析与应用能力。这样，不仅能够提高学生的语言技能，还能够促进他们思维能力的发展，为他们的终身学习打下坚实的基础。

二、小学英语语篇教学策略

（一）基于任务的教学法在语篇教学中的应用

基于任务的教学法（Task-Based Language Teaching，TBLT）是一种以实际任务为核心的外语教学方法，它强调通过完成真实的或模拟的任务来促进语言学习，使学生在完成任务的过程中自然而然地使用和学习语言。在小学英语语篇教学中，这种教学法能够有效提升学生的语篇理解能力、增强他们的语言运用意识，以及培养他们的合作与交际能力。

任务的设定应与语篇内容紧密相关，以便学生在执行任务时自然地接触和理解语篇。例如，教师可以设计一个角色扮演任务，让学生扮演故事中的角色，通过对话再现语篇中的情节，这将促使学生深入理解语篇的连贯性和层次性，同时也在实际交流中应用所学语篇知识。

任务设计应关注语篇的互动性，鼓励学生在完成任务时进行多向交流。例如，在阅读一篇关于环保的语篇后，可以组织一场讨论会，让学生分享观点，提出建议，并就如何保护环境进行辩论。这样的活动能够促进学生对语篇主题的深入思考，同时增强他们的批判性思维能力。

基于任务的教学法还提倡语篇的生成性活动，让学生在完成任务过程中创造新的语篇内容。例如，教师可以要求学生根据语篇中的信息，撰写一篇新闻报道，或者编写一篇与原语篇相关的短篇故事。这样的活动不仅锻炼了学生的创造性思维，还强化了他们对语篇结构和语言特点的运用。

同时，任务的评价应当侧重于学生在完成任务过程中所展现出的语言运用能力，而不仅仅是任务的完成度。教师可以通过观察学生在任务中的语言输出，评价他们的语篇理解和生成能力，以及词汇、语法掌握程度和语境意识。这种评价方式有助于教师及时调整教学策略，以满足学生个体的学习需求。

在实施基于任务的教学法时，教师需选择切合学生实际水平和兴趣的任务，确保任务的可行性与挑战性。此外，教师还需提供必要的支架，如词汇、句型或语篇结构的指导，以降低任务难度，确保学生能顺利完成任务。同时，教师的角色应由传统的知识传授者转变为活动的引导者和观察者，通过提供反馈和指导，帮助学生在完成任务过程中实现语言学习的持续进步。

基于任务的教学法在小学英语语篇教学中具有显著的优势，它能将语篇理解与实际运用紧密结合，通过真实或模拟的任务情境，让学生在完成任务的过程中自然习得语言，提高其语篇分析、应用和创新的能力。这种教学法的实施不仅符合课标对语篇教学的强调，也符合儿童认知发展的特点，为优化小学英语教学、提升学生语篇素养提供了有力的实践策略。

（二）小学英语语篇教学中的跨学科整合策略

在小学英语语篇教学中，跨学科整合策略是一种创新且有效的教学手段，它将语篇学习与其他学科知识相结合，通过多学科视角来解读和分析语篇，从而提升学生的综合素养和跨学科思考能力。这种策略不仅能丰富教学内容，还能激发学生的学习兴趣，帮助他们从更广阔的角度理解语篇，进而促进他们语言能力、认知能力和社会文化意识的发展。

语篇教学可以与自然科学相融合。例如，在教授与环保或动物保护相关的语篇时，教师可以引导学生分析语篇中的事实信息，然后与自然科学课程中的相关知识相结合，让学生通过实际操作或实验验证语篇中的内容，这将有助于他们提升批判性思维能力，并在理解语篇的同时巩固科学知识。

语篇教学与社会科学的结合也十分关键。语篇中的社会现象、历史背景、文化习俗等，都可以成为跨学科教学的切入点。例如，当阅读一篇关于节日庆祝的英语文章时，教师可以引导学生了解不同文化的节日习俗，同时结合历史课中相应时期的社会背景知识，让学生从社会学和历史学的角度解读语篇，进而理解不同文化的价值取向和社会结构。

语篇教学与艺术的结合同样富有成效。教师可以选择富含视觉元素的语篇，如绘本故事、诗歌或者与艺术相关的文章，引导学生从艺术欣赏的角度，如色彩、线条、构图等，来解读语篇的深层含义。同时，学生还可以尝试创作自己的艺术作品，如画作、雕塑或音乐，以表达对语篇的理解，这将有助于他们在艺术创作中运用英语，提高创新能力和语言实践能力。

语篇教学与数学的结合也不容忽视。在处理与数据、图表或逻辑推理相关的语篇时，教师可以运用数学思维，教授学生如何解读和分析数据，理解语篇中的推理过程。这不仅有助于提高学生的数学技能，还能让他们在运用英语进行数学思维的过程中，增强对复杂语篇的理解和处理能力。

教师应该鼓励学生运用跨学科整合策略进行自主学习。例如，让学生选择感兴趣的主题，通过查找相关资料，将语篇与不同学科的知识相结合，撰写一份跨学科报告。这将锻炼他们的研究能力，同时提升他们在实际生活中解决问题的能力。

通过跨学科整合策略，教师可以引导学生运用多学科知识解读英语语篇，从而培养他们全面的学术能力和跨学科思考习惯。这种教学方法不仅能够丰富语篇教学的内涵，也符合课标对于提升学生的综合素养和跨文化交际能力的要求，是实现小学英语语篇教学全面性和有效性的有力工具。

随着全球化进程的加速，小学英语教育在培养学生的语言能力、思维品质、文化意识和学习能力方面扮演着越来越重要的角色。本研究通过深入探讨小学英语语篇的概念，明确了其在教学中的特性和构成要素，以及与学生认知发展的紧密关系。我们强调，语篇教学并非简单的语言形式的教授，而是关注语言的实际功能和交际目的，旨在通过理解复杂文本的连贯性、层次性和互动性，提升学生在实际交流中的语言运用能力。

在课标的指导下，语篇教学已经成为小学英语教育的核心内容。它旨在突破传统教学方法的局限，如过度关注词汇和语法，忽视语言的语境化学习和整体理解。我们提出，有效的语篇教学策略应包括基于任务的教学法，以真实或模拟的任务情境引导学生自然习得语言，同时培养他们的合作与交际能力；此外，跨学科整合策略则通过将语篇学习与自然科学、社会科学、艺术和数学等学科知识相结合，帮助学生从多个维度理解语篇，提高他们的综合素养。

第二节　小学英语教学思维培养的必要性

小学英语教学被视为培养学生语言能力、跨文化理解能力和社会适应能力的重要途径。然而，传统的英语教学模式往往过于侧重语言技能的训练，如词汇记忆、语法掌握和听说读写的操练，而对思维能力的培养重视不足。这不仅可能限制学生的语言运用能力，更可能在一定程度上阻碍其全面素质的提升。

《义务教育英语课程标准（2022版）》（以下简称"新课标"）适时提出，英语教学应强调语言学习与思维发展的融合，倡导以学生为中心，注重实际运用，提倡任务型教学，旨在培养学生的创新思维、批判性思维和问题解决能力。这一转变意味着教育工作者需要重新审视教学目标，将思维能力的培养作为与语言技能训练并重的核心要素，以期在推动语言学习的同时，促进学生的全面发展。

一、小学英语教学现状分析

（一）小学生英语学习特点

在小学阶段，学生的认知发展迅速，好奇心强，模仿力强，这为英语学习提供了独特的优势。根据皮亚杰的认知发展理论，6至12岁的儿童处于具体运算阶段，他们的思维开始从具体实物转向抽象概念，能进行简单的逻辑推理，但还不能完全理解和处理复杂的抽象概念。因此，教师在设计英语教学活动时，应充分利用这一特点，将抽象的语言知识转化为生动、具象的教学材料，以激发学生的学习兴趣和动力。

小学生对于新奇、有趣的事物充满好奇，教师可以通过动画、歌曲、游戏等形式，以情境化的教学方式，使学生在轻松愉快的氛围中学习英语，从而提高他们的学习积极性和参与度。例如，利用英语动画片，学生不仅能学习到基础的词汇和语法，还能在故事情节中理解语言运用的语境，这对培养他们的思维能力至关重要。

小学生善于模仿，教师可以鼓励他们模仿英语母语者的语音、语调和表达方式，这有助于他们在模仿过程中形成良好的语感，同时也可以训练他们的观察、理解和模仿思维。通过角色扮演和对话练习，学生能够将所学的语言知识应用于实际交流中，进一步提升他们的语言运用能力，同时锻炼他们的逻辑思维和沟通能力。

小学生具有较强的动手能力和实践欲望，教师可以设计一些与生活紧密相关的项目式学习，让学生在解决问题的过程中应用英语，如制作英文海报、编写英文剧本等。这种教学方法不仅能提高学生的语言技能，还能培养他们的创新思维和问题解决能力。

值得注意的是，小学生注意力的集中度有限，教学活动应保持节奏感，避免长时间的单向讲授。同时，小学生需要教师的引导和反馈，以确保他们能正确理解和应用新学知识。因此，教师在教学过程中应适时提供反馈，鼓励学生提问和讨论，以促使他们进行批判性思考。

小学生的英语学习特点为教师提供了丰富的教学策略选择。通过充分利用学生的认知优势，教师可以设计出既有趣味性又能有效提升学生思维能力的教学活动，为学生的全面发展奠定坚实的基础。

（二）教师教学方法与策略

当前的小学英语教学中，教师的教学方法与策略对学生的语言技能和思维能力的培养起着至关重要的作用。传统的教学方式往往侧重于知识的传授，如通过讲解和练习来教授词汇、语法和句型，这种"填鸭式"教学虽然在短期内可能提高学生的语言技能，但在长期来看，却可能限制学生思维的全面发展。

新课标提倡以学生为中心的教学，强调情境化和任务型教学，这为教师提供了新的教学思路。教师应尽可能地将语言学习与实际情境相结合，让学生在解决实际问题的过程中学习和使用英语。例如，教师可以设计角色扮演活动，让学生扮演不同的角色进行对话，这样既能提高他们的口语能力，又能锻炼他们的逻辑思维和沟通能力。

项目式学习是另一种有效的教学策略，它鼓励学生完成一个完整的学习项目，从策划、执行到反思，全程使用英语。这样的学习过程不仅能够提升学生的语言技能，如写作和报告演示能力，还能培养他们的创新思维、团队协作能力和问题解决能力。例如，教师可以组织学生模拟一场联合国会议，每个学生代表一个国家，用英语讨论和解决全球性问题，这将极大地锻炼他们的跨文化理解、批判性思维和英语实际运用能力。

现代技术的融入也是现代教学中不可或缺的一部分。教师可以利用多媒体资源，如英语动画、在线互动游戏和应用程序，激发学生的兴趣，同时提供丰富的语境和实践机会。比如，通过观看英语动画片，学生可以在轻松的环境中学习语言，同时也能提高他们的观察力和理解力。

教师应注重及时地反馈和评价，鼓励学生提问和分享学习体验，这有助于培养他们的批判性思维和自我反思能力。教师可以设计一些开放性的问题，鼓励学生从不同的角度思考，培养他们的创新思维。同时，通过小组讨论和合作学习，学生可以在互动中学习如何尊重他人的观点，如何表达自己的观点，这是掌握良好的社交技巧和提升团队协作能力的重要途径。教师在教学方法和策略的选择上应灵活多变，结合学生的认知特点和兴趣，将语言技能训练和思维能力培养有机融合。通过实施情境化、任务型和项目式教学，结合现代技术，以及提供及时的反馈和评价，教师可以有效地提升学生在小学英语学习中的思维能力和全面素质，从而更好地适应新课标的要求，满足社会和家长的期望。

二、思维培养在小学英语教学中的意义

（一）思维培养对语言能力的影响

思维能力的培养在小学英语教学中对学生语言能力的提升起着至关重要的作用。语言不仅是词汇和语法的堆砌，更是一种思考和表达的工具。在语言学习过程中，思维能力的锻炼能促进学生更深入地理解语言的内在逻辑，从而更好地运用语言进行沟通和表达。

逻辑思维的培养有助于学生理解语言结构。通过分析句子结

构、推理语境意义，学生可以更准确地掌握语法规则，构建起语言的框架。在这个过程中，他们不仅能学习如何构建语句，还能学习如何通过逻辑关系理解语句的深层含义，这对提升阅读理解和书面表达能力至关重要。

批判性思维的培养有助于学生对语言内容进行深入分析。批判性思维鼓励学生对信息进行评估、质疑和推理，这对于完成阅读理解中的找寻主旨、理解作者意图等任务至关重要。同时，批判性思维还能帮助学生在写作时提出有说服力的观点，分析和解决问题，从而提高他们的写作能力和思辨能力。

创新思维的培养能激发学生的创造性语言运用。创新思维让学生敢于尝试新颖的表达方式，探索语言的多元性，这对提高学生的口语表达、写作创新以及在实际情境中灵活运用语言的能力具有重要意义。通过开展创编故事、角色扮演等活动，学生可以在实践中发展创新思维，从而丰富他们的语言表达，提升语言的生动性和趣味性。

问题解决能力的培养有助于学生在实际交流中灵活运用语言。在面对实际问题时，学生需要运用已学的英语知识，结合所学的思维技巧，找到解决问题的方法。这种能力的培养不仅有助于提高学生在课堂上的参与度，还能让他们在日常生活和未来的学习中更好地应对各种语言挑战。

思维能力的培养与语言技能的训练相辅相成，共同构成了英语学习的全面框架。通过重视思维能力的培养，教师可以帮助学生从单纯的语言知识记忆者转变为富有思考能力的语言使用者，从而更好地提升他们的语言综合运用能力，为他们的终身学习打下坚实的基础。

（二）思维培养的教学方法探讨

在小学英语教学中，思维能力的培养需要融入教学的各个环节中，通过创新的教学方法和策略，激发学生进行主动学习和创造性思考。以下是一些具体的方法和实例，这些方法旨在将思维能力的培养融入日常教学，使之成为语言学习过程的自然延伸。

1. 情境教学。情境教学是将语言学习置于实际生活或虚构情境中的教学方法，通过模拟真实场景，让学生在解决问题、角色扮演或交流互动中自然地运用英语。例如，教师可以设置一个购物情境，让学生用英语讨论并购买商品，这不仅能锻炼他们的口语和听力，还能培养他们在实际生活中运用语言的能力。

2. 项目式学习。项目式学习让学生在完成一个完整的项目过程中使用英语，如制作英文海报、编写英文剧本或模拟一场联合国会议。这种教学方法不仅要求学生掌握语言技能，还需要他们运用批判性思维、创新思维和问题解决能力来完成任务。

3. 合作学习。通过小组协作，学生可以学习如何与他人沟通、协商和解决问题，这有助于培养他们的团队协作能力和批判性思维。例如，教师可以安排学生以小组为单位进行英语辩论，每组成员需要通过提供充分的证据来支持自己的观点，这将促进他们的批判性思维和语言表达。

4. 探究式学习。教师可以设计一些开放性的问题或课题，鼓励学生自主探索，寻找答案。例如，让学生研究不同国家的节日习俗，并用英语进行展示。这样的学习过程能够让学生在发现问题、收集信息、分析数据和表达观点的过程中，提升创新思维和解决问题的能力。

5. 技术辅助教学。利用多媒体资源、在线互动软件和教育应用程序，如英语动画、游戏和互动软件，吸引学生的注意力，激发他们学习的兴趣，同时也为他们提供丰富的语境和实践机会。例如，教师可以使用游戏互动软件让学生玩英语单词游戏，这既能提高学生的词汇记忆，也能锻炼他们的快速反应和创新思考的能力。

6. 批判性阅读和写作。教师应引导学生阅读不同类型的英语文本，并鼓励他们进行批判性阅读，分析作者的观点，提出自己的看法。同时，通过写作任务，如撰写书评，学生可以进行批判性思考，并以书面形式表达自己的观点。

7. 反思和自我评估。鼓励学生在学习过程中反思自己的进步，识别自己的学习策略，这有助于培养他们的自我调节能力和批判性思维。例如，可以定期让学生填写学习日志，记录他们的学习心得，反思学习策略的效果，以促进他们的自我提升。

通过上述教学方法的实施，教师可以在教授语言技能的同时，有意识地培养学生的思维能力。这些方法旨在创造一种充满挑战和探索的学习环境，让学生在使用英语的过程中，自然而然地发展逻辑思维、批判性思维、创新思维和问题解决能力。这样的教学方式不仅符合新课标的要求，也符合儿童心理发展和社会需求，为学生的终身学习和全面发展打下坚实的基础。

小学英语教学在儿童成长阶段起着至关重要的作用，其目标已从单一的语言技能训练转向思维能力与语言运用能力并重的培养。新课标的出台，为这一转变提供了明确的指导方向，强调了语言学习与思维发展的融合。根据社会、家长和教育政策的期待，以及教育心理学的理论支持，小学英语教师应当重新审视教学目标，将思维能力的培养作为教学的核心要素。

在实际教学中，教师应充分利用学生的认知优势，通过情境教学、项目式学习、合作学习和探究式学习等创新方法，将思维能力的培养融入语言学习的各个环节。这些教学策略旨在通过实践、互动和探索，促使学生在使用英语的过程中自然发展逻辑思维、批判性思维、创新思维和问题解决能力。同时，现代技术的应用，如多媒体资源和在线软件，能够丰富教学手段，激发学生的学习兴趣，提供更为实际的语境和多样的实践机会。

　　教师的角色已经转变为引导者和合作者，他们需要及时给予学生反馈，鼓励提问和讨论，以促进学生的批判性思维。另外，家校合作也是实现思维能力培养不可或缺的一部分，家长的理解和支持将有助于形成一个全面促进思维发展的教育环境。在未来的小学英语教学中，教师们应该继续探索和实践更有效的思维培养策略，以适应课标的要求，满足学生个体发展的需求。同时，学校和教育部门应提供持续的教师培训与专业发展机会，以确保教师具备实施思维导向教学的能力。通过这些努力，小学英语教学将不再仅仅是传授语言技能，而是一个全面促进学生思维发展和语言运用能力提升的平台，为学生的终身学习和未来的成功奠定坚实的基础。

第三节　小学英语教学思维培养的可行性

一、小学英语教学思维培养的实践策略

（一）创设情境，激发思维

　　情境创设作为教学策略的重要组成部分，对于小学英语教学中思维能力的培养起着至关重要的作用。在新课标的指导下，教师应

当充分利用情境教学，将枯燥的知识点融入生动的场景中，让学生在实际应用中学习和思考，从而更好地理解和掌握语言技能，同时锻炼他们的思维能力。

情境创设能够激发学生的学习兴趣，使他们主动参与到课堂活动中。在真实或模拟的情境中，学生不再是被动的听众，而是情境的参与者，他们需要运用所学英语知识来解决问题，完成任务。例如，教师可以设置购物、旅行、生日派对等日常情境，让学生在模拟的语境中进行角色扮演，从而自然而然地使用英语进行交流，同时培养他们的交际思维和解决问题的能力。

情境创设能够培养学生的认知思维和批判性思维。通过构建具有挑战性的任务，教师可以引导学生对情境中的信息进行分析、评价和推理。例如，教师可以设计对比阅读环节，让学生在不同的购物情境中对比商品信息，以此来识别优缺点，培养他们的批判性思维。此外，教师还可以通过创设开放性问题，让学生在解决问题的过程中，积极思考，探究更多的可能性，从而提升他们的认知思维和解决问题的能力。

情境创设与合作学习的结合，能有效促进学生创造性思维的发展。在小组合作的情境中，学生需要共同协作完成任务，这种互动交流的过程能激发他们的创新思维，鼓励他们提出新颖的观点和解决方案。例如，教师可以组织学生在环保主题的情境中，共同设计一项公益广告，通过集体创作，学生能锻炼创造性思维，同时增强团队合作意识。

情境创设作为一种有效的思维培养手段，能够激发学生的学习热情，提升他们的思维品质。在小学英语教学中，教师应充分利用情境创设，通过设计丰富多样的教学活动，让学生成为学习的主体，通过情境中的实际操作，实现语言技能和思维能力的同步提升。同时，这也有助于实现新课标中对学生综合素养和思维能力培养的要求，为学生未来的学习和生活打下坚实的基础。

（二）情境教学法的实施

情境教学法的实施是小学英语教学思维培养策略中的关键一环。通过构建与学生生活紧密相关的真实或虚构情境，教师能够将抽象的语言知识转化为生动的实践，促使学生在具体情境中运用英语，同时锻炼他们的多元思维能力。

在实施情境教学法时，教师需要精心设计符合学生认知水平和兴趣的情境。例如，对于低年级学生，可以使用卡通故事、动画片或儿童歌曲作为情境素材，让学生在轻松愉快的环境中学习。对于高年级学生，可以结合他们日益增长的独立思考能力，引入社会热点话题或跨文化情境，如国际交流、环保行动等，让学生在讨论和交流中提升语言应用与批判性思维能力。

情境教学应以任务为导向，让学生在完成任务的过程中，自然地运用英语并培养思维能力。任务设计应具有层次性和挑战性，从小目标到大目标，逐步引导学生深入思考。例如，教师可以安排学生在购物情境中设计一份购物清单，然后在角色扮演中执行购物任务，这既能锻炼他们的交际能力，又能培养他们解决实际问题的能力。

在情境教学中，合作学习是促进学生思维发展的有效工具。教师可以组织学生进行小组讨论，共同解决问题，或者合作完成一个项目，如编写情境剧本、制作海报等。在这种合作过程中，学生需要交流意见，协商解决分歧，这有助于培养他们的协作思维和创造性思考的能力。

教师在实施情境教学法时，还应充分利用现代技术，如多媒体、互动软件等，以增强情境的真实感和互动性。例如，通过虚拟现实技术，学生可以"亲临"国外旅行，进行实时的语言互动，这不仅能增强学生的语言实践，也能激发他们的好奇心和探索欲望。

教师在实施情境教学法时，不要忘记适时给予学生反馈，鼓励他们思考和改进。对于学生的创新性想法和解决问题的新方法，教师应给予积极的肯定，以培养他们的自信心和独立思考的能力。同时，对学生的错误或不足，教师应引导他们从错误中学习，利用情境教学的机会进行及时的反思和调整。

教师在实施情境教学法时，需要具备较强的创新能力和灵活性，能够根据学生的需求和课程内容，动态调整教学策略。通过情境教学，教师不仅能够提高学生的语言技能，还能够在他们心中埋下批判性思维、创新思维和合作思维的种子，为他们的未来学习和生活打下坚实的基础。随着新课标的实施，情境教学法在思维培养中的作用将更加显著，成为小学英语教学的重要组成部分。

（三）情境教学的案例分析

情境教学法在小学英语课堂上的应用广泛且深受欢迎。以下是一个成功的案例，展示了情境教学法如何在实际教学中有效地培养学生的思维能力。

教师在教授关于"家庭成员"这一话题时，设计了一个名为"Family Day"的情境。在课前，教师准备了一系列与家庭相关的图片和道具，如家庭成员的照片、服饰、生活用品等，并在教室里布置了一个小型的家庭场景。课上，教师首先引导学生回顾已学的家庭成员词汇，然后邀请学生参与到"Family Day"中，他们分别扮演家庭中的不同角色，如爸爸、妈妈、哥哥、妹妹等，进行角色扮演活动。

学生们在模拟的家庭情境中，运用所学的词汇和句型进行交流，如"Mom，can I have some cookies？"或者"Dad，where is my schoolbag？"。这种情境不仅让学生在实际交流中巩固了语言知识，同时也锻炼了他们的认知思维，他们需要理解并分析情境中的信息，以完成任务。在角色扮演过程中，学生们需要从不同角度思考问题，这有助于培养他们的发散性思维和交际思维。

教师还设计了一个挑战性任务，让学生们分组创造出自己的家庭故事。每个小组需根据给定的关键词（如"picnic""birthday""movie night"等）创编一个关于家庭的故事。通过这个任务，学生们不仅需要运用英语进行叙述，还需要运用创造性思维来构想情节，这显著提升了他们的创造性思维能力。同时，合作学习在这个环节中也起到了关键作用，学生们需要共同讨论、计划和执行任务，这锻炼了他们的团队协作和批判性思维。

在活动结束后，教师组织了一场分享会，让各组学生展示他们的故事。在分享过程中，学生们学会了倾听，对他人的故事进行评价和提出建议，这进一步提升了他们的批判性思维能力。教师还鼓励学生对故事中的语言表达进行反思，以提高他们的语言运用能力。

通过这个案例，我们可以看到情境教学法在小学英语课堂上如何有效地融合思维培养。它不仅提供了生动、互动的学习环境，让学生在参与中积极思考，而且通过任务设计和小组合作，促进了学生的多元思维发展。教师在实施情境教学法时，应注重情境的真实性和任务的层次性，同时关注学生的反馈，实现思维能力与语言技能的同步提升，以符合新课标对英语教育的更高要求。

（四）任务驱动，促进合作

任务驱动教学在小学英语教学中扮演着重要角色，它是思维培养策略中不可或缺的一环。通过将教学内容转化为具体的任务，教师可以引导学生在完成任务过程中，自然而然地运用所学知识，并在实践中培养他们的思维能力。任务驱动教学尤其强调合作学习，鼓励学生在团队中交流、合作，共同解决问题，从而促进思维品质的提升。

任务驱动教学能够激发学生的参与度和主动性。教师可以设计一系列与教学目标紧密相关的任务，如制作英语海报、编写短剧、组织小型演讲等，让学生在完成任务的过程中，运用和巩固所学英语知识。这种教学方式让学生由被动接受者转变为主动参与者，他们必须思考如何有效地完成任务，从而在实践中锻炼分析问题和解决问题的能力，培养他们独立思考和自我学习的能力。

合作学习在任务驱动教学中至关重要。教师可以组织学生进行小组合作，共同完成任务。在小组中，学生们需要相互沟通，分享观点，协商策略，这不仅有助于提高他们的交际能力和团队合作能力，还能培养他们的批判性思维。通过讨论和辩论，学生们能从不同的角度思考问题，学会倾听和尊重他人的意见，同时也能挑战和修正自己的观点，从而提高他们的判断能力和决策能力。

任务驱动教学中的合作学习也有助于提升学生的创造性思维。当学生们一起完成一项具有创新性要求的任务时，他们会被鼓励提出新颖的想法和解决方案。例如，教师可以要求学生以小组为单位，设计一个关于环保的英语短剧，每个成员都需要贡献独特的创意，这不仅可以锻炼他们的语言运用能力，还能激发他们的创造性思维，培养他们寻找和提出新方案的能力。

在实施任务驱动教学时，教师应确保任务的难度适中，既能挑战学生，又不至于让他们感到挫败。同时，教师应提供必要的引导和反馈，帮助学生理解任务要求，同时鼓励他们发现问题、解决问题，培养他们的问题解决能力。此外，教师还应定期评估学生的合作技巧，通过观察和讨论，引导他们反思和优化合作过程，以提高团队合作的效果。

任务驱动教学通过将教学内容转化为具体任务，结合合作学习，为小学英语教学中的思维培养提供有效途径。它不仅能够提升学生的语言技能，更能够培养他们的批判性思维、创造性思维和团队协作能力，符合新课标对全面发展学生综合素质的要求。随着教育改革的深入，任务驱动教学在小学英语教学中的应用将更加广泛，成为思维培养的重要策略。

（五）项目式学习，深化理解

项目式学习是一种以学生为中心、以问题或挑战为导向的教学方法，它强调学生通过参与一个完整项目的过程，从策划、执行到反思，深度探究和应用知识，同时培养其批判性思维、创新性思维和协作能力。在小学英语教学中，项目式学习不仅可以深化学生对语言的理解，还能有效提升他们的思维品质，符合新课标对思维能力培养的要求。

在项目式学习中，教师首先提出一个具有实际意义的主题或问题，如"我们的社区""环保行动"等，让学生在解决这些问题的过程中自然学习和运用英语。这个过程通常包括以下几个阶段：项目引入、团队组建、问题定义、研究与规划、实施与执行、展示与评价。每个阶段都能为学生的思维训练提供丰富的素材和机会。

例如，在"我们的社区"项目中，教师可以引导学生通过观察和访谈，了解社区的现状和问题，然后设定一个目标，如改善社区的环境或提高居民的英语水平。在这个过程中，学生需要运用批判性思维，分析社区问题的根源，提出解决方案；创新性思维则体现在设计独特的活动或项目上，如举办英语角、创作环保主题的歌曲等；而协作能力则在团队讨论、分工合作中得到锻炼。

项目式学习通过提供真实、复杂的问题情境，促使学生主动探索和解决实际问题，这有助于他们在实践中深化对英语知识的理解。此外，项目成果的展示和评价环节，不仅能够让学生反思学习过程，还能够培养他们的自我评估和反思性思维，这在传统课堂教学中往往难以实现。

值得注意的是，实施项目式学习时，教师应提供充足的资源和支持，如指导学生如何进行有效的文献检索、如何进行团队协作等。同时，教师需要定期评估学生的学习进度，适时给予反馈，鼓励他们调整策略，以适应不断变化的学习任务。

项目式学习将学习内容与实际生活紧密相连，让学生在解决实际问题中学习和运用英语，从而强化语言技能，同时也促进其思维能力的全面发展。它为小学英语教学提供了一种以学生为中心的思维培养策略，有助于实现新课标对培养学生的综合素养和思维能力的要求。未来，教师和教育研究者可以进一步探索如何在项目式学习中融入更多的思维训练元素，以适应不断变化的教学需求和学生发展的需要。

（六）创新评价，反馈引导

在小学英语教学中，评价机制对于思维培养同样具有深远影响。传统的评价方式过于侧重语言知识的掌握，而忽视了对学生思维能力的评估。根据新课标，评价应当转变为一种促进学生思维发展的手段，鼓励创新、批判性和创造性思维的展现。因此，创新评价方法，结合反馈引导，是实现思维培养目标的关键步骤。

形成性评价应当成为主导。与终结性考试相比，形成性评价关注学生在学习过程中的进步和理解，它更侧重于观察学生如何解决问题、如何思考，而不是单纯测试他们对知识的掌握程度。教师可以通过观察学生在课堂讨论中的参与度、他们在合作学习中的角色扮演，以及他们在项目式学习中的创新性解决方案，来评估他们的思维能力。这种评价方式使教师能及时发现学生的思维亮点，为他们提供有针对性的反馈，以促进其思维发展。

采用多元化评价工具，如思维导图和概念图。这些工具能够直观地展现学生的思考过程，帮助教师了解学生如何组织和理解知识，从而提供个性化的反馈。例如，教师可以让学生在学习后，用思维导图展示他们对一个单元的理解，这不仅能检查他们对知识的掌握程度，还能评估他们的认知思维和逻辑分析能力。

另外，引入同伴评价和自我评价也是重要的策略。同伴评价能让学生在相互交流中学会批判性思考，理解他人的观点，同时也能提高他们的沟通和表达能力。自我评价则鼓励学生反思自己的学习过程，培养他们的自我监控和反思性思维。通过定期的自我评价，学生可以了解自己的思维习惯，发现自身的优势和改进点，这对他们的思维能力提升至关重要。

反馈引导则是创新评价的另一核心元素。教师在提供反馈时，不仅要指出学生的错误或不足，更要强调他们的进步和创新之处，以增强他们的自信心。同时，反馈应当具有建设性，引导学生思考如何改进和提升。例如，教师可以鼓励学生在进行批判性思考时，多问"为什么"和"如果"，以培养他们的深度思考能力。

评价结果的呈现应当是发展性的，而非单一的分数或等级。教师可以设计评价报告，包含学生在思维能力各方面的具体表现，以及针对每种能力的建议和改进策略。这样的评价报告不仅能让学生清楚地了解自己的思维发展状况，也能引导家长和教师共同参与学生思维培养的过程。

创新评价与反馈引导的结合，使得教学评价成为思维发展的一部分，而非仅仅是对知识掌握的考核。通过实施这样的评价策略，小学英语教学不仅能关注学生语言技能的提高，更能培养他们的批判性思维、创新思维和合作思维，从而满足新课标对全面发展学生综合素质的要求。未来的研究和实践应继续探索更多有效的评价工具和方法，以推动小学英语教学中思维培养的深入实施。

二、小学英语教学思维培养的效果分析

（一）数据收集与分析方法

在探索小学英语教学中思维培养的效果时，数据收集与分析方法的选择至关重要。本部分采用混合研究方法，结合定性与定量研究，以获取全面、深入的评价结果。具体来说，研究采用了以下几种主要的数据收集工具和分析手段。

1. 观察记录。通过课堂观察，研究者记录了教师在教学过程中实施思维培养策略的情况，如情境创设、问题导向和合作学习的频率与质量，以及学生在课堂上的参与程度和思维活动。这些观察记录为分析提供了直观的现场数据。

2. 访谈和焦点小组讨论。针对教师和学生进行深入访谈，以了解他们对思维培养的理解、需求和感受。焦点小组讨论则提供了更广阔的视角，让参与者能分享经验和看法，揭示思维培养在实际教

学中的实施情况和挑战。

3. 问卷调查。为量化评估思维培养的效果，设计了一套针对学生思维能力（如批判性思维、创新性思维和协作思维）的量表，通过问卷调查收集数据。这些量表包括选择题和简答题，以测量学生的思维品质和对教学策略的反应。

4. 作品分析。通过分析学生的课内外作品，如项目报告、创编故事、思维导图等，可以直观地观察学生的思维过程和成果，以此评估他们的思维能力提升情况。

5. 标准化测试。在研究前后进行的英语标准化测试，可以对比分析学生的语言技能和思维能力的变化，以客观评估思维培养策略的效果。

6. 自我评估和同伴评价。让学生自我评估在思维培养过程中的进步，同时收集同伴对他们的评价，有助于了解学生的自我认知，以及他们如何看待和使用新学习的思维技能。

7. 反思日记。鼓励学生在研究期间写反思日记，记录他们在课堂上的思维活动和体验，可以提供学生的主观感受和思考的宝贵资料。

收集的数据经过仔细整理和编码，采用描述性统计、内容分析、交叉分析等定量和定性分析方法，以揭示思维培养策略的效果，以及影响效果的因素。研究结果将为小学英语教学中思维培养的实践策略提供实证支持，同时为未来教学改革提供有价值的参考。

（二）实施效果的量化评估

小学英语教学中，思维培养的实施效果是评价教学策略成功与否的关键指标。本节将通过量化分析，探讨情境创设、问题导向和合作学习等策略对学生的思维能力提升的实际影响。我们采用了一系列量表、问卷和标准化测试，以客观衡量学生在批判性思维、创新性思维和协作思维等关键领域的进步。

通过量表调查收集了学生在思维能力方面的得分，这些量表调查在研究前后以及在研究过程中定期进行，以追踪学生思维能力的发展变化。结果显示，实施思维培养策略后，学生的思维能力得分显著提高，尤其是在批判性思维方面。学生能更好地分析信息，提出和评估假设，展示出更强的逻辑推理能力。

标准化测试成绩的对比显示，学生的语言技能与思维能力之间存在显著的正相关。这表明思维培养策略不仅提升了学生的语言运用能力，还促进了他们的思维品质发展，两者相辅相成，共同进步。例如，学生在解决与英语阅读理解相关的问题时，表现出更强的理解力和问题解决策略。通过分析学生的课内外作品，如项目报告、创编故事和思维导图，我们发现学生的创造性思维得到了显著提升。他们不仅能在作品中展现出丰富的想象力，还能运用所学知识提出独特的解决问题的方法，显示了他们的创新性。

同伴评价和自我评估也提供了有力的证据，表明合作学习在思维能力提升中发挥了重要作用。学生们在小组中学会了倾听他人的观点，尊重差异，批判性地思考同伴的建议，这促进了他们的协作思维和批判性思维的发展。值得注意的是，这些量化结果也揭示了影响思维培养效果的一些重要因素，如教师的教学态度、学生的学习动机以及课堂的互动氛围。这些因素共同决定了思维培养策略在实际教学中的实施效果。通过量化评估，我们发现在小学英语教学中融入思维培养策略是切实可行的，并能显著提升学生的思维能力，这与新课标的要求相吻合。然而，教学实践中的挑战依然存在，如何将思维培养更深入、更系统地融入日常教学，依然是教育者在未来研究和实践中需要持续探索的课题。通过持续的反思与改进，我们可以期待小学英语教学在思维培养方面取得更大的进步，以适应教育的更高要求，为学生的全面发展奠定坚实基础。

（三）实施效果的质性反馈

实证研究通过数据收集和量化分析，展示了小学英语教学中思维培养策略的显著效果。然而，质性反馈是理解和深入了解这些策略如何在课堂上具体发挥作用的关键。质性反馈主要来源于教师的观察、学生的反思和互动过程中的深入交流，这些信息能揭示思维培养策略实施的细微之处，以及它们如何影响学生的学习体验和思维模式的转变。

教师的观察和反思提供了宝贵的质性数据。教师们普遍反映，情境创设使课堂变得生动有趣，学生们更愿意积极参与，他们的思维活跃度明显提高。通过角色扮演和合作学习，学生们的团队合作能力和批判性思维能力得到了显著提升。教师们也注意到，对比阅读和创编故事等活动促使学生跳出常规思维，培养了他们的创造性思维。

学生的反思日记和访谈则提供了更直接的个人体验。学生们表示，他们更喜欢这种融入思维训练的英语教学，因为这让他们有机会在实际情境中使用英语，感觉自己是真正的英语使用者，而不仅仅是学习者。他们描述了自己在解决问题、表达观点和与他人合作时的思考过程，这显示了他们在批判性思维、创新性思维和协作思维上的显著进步。

课堂互动中的讨论和争辩是质性反馈的另一个重要来源。学生们在角色扮演、小组讨论和问题解决活动中，展现出更强的批判性思维，他们能够提出独立的观点，挑战他人的假设，这种能力的提升反映了思维训练策略的成效。同时，学生们的创造性思维在故事创编和项目设计中得到了体现，他们展现出的独立思考能力和给出的创新解决方案令人印象深刻。

教师与学生之间的反馈循环也对思维培养起到了关键作用。教师们在课堂上积极给予学生反馈，鼓励他们尝试新的思考方式，这不仅增强了学生的自信心，还激发了他们对思维训练的兴趣。学生之间的同伴评价同样促进了思维能力的发展，他们学会了如何从不同的角度分析问题，尊重和吸纳他人的观点，这有助于他们批判性思维和协作思维的发展。

通过收集和分析这些质性反馈，我们能够深入理解思维培养策略在实际教学中的效果，以及这些策略如何影响学生的学习方式和思维模式。质性反馈与量化数据相结合，为小学英语教学中思维能力的培养提供了全面的评估，证实了教学策略的有效性。未来的研究可以进一步探索如何优化这些策略，以满足不同学生的需求，更好地支持思维能力的发展，进而推动小学英语教学的创新和优化。

第二章

小学英语思维教学实践研究

第一节　基于思维三元教学模式在小学英语语篇教学中的实践研究

　　英语作为国际交流的主要工具，其教学不仅肩负着传授语言知识的重任，更承担着培养具有全球视野和多元思维能力人才的责任。然而，传统教学模式往往侧重于语言技能的训练，对思维品质的培养关注不足，特别是逻辑思维的系统培养。逻辑思维作为人类思维的基础，对于理解和表达复杂信息、进行批判性思考，以及创新性问题解决至关重要。在语篇教学中，它更是理解语篇深层意义、把握篇章结构的关键。

　　传统语篇教学往往侧重于词汇和语法知识的讲解，以及对语篇表面信息的理解，忽视了语篇内部的逻辑结构和段落间的联系，导致学生在阅读理解时往往难以把握文章的主旨，无法深入分析和评价信息，更谈不上进行创新性思考。这一现象与21世纪人才培养的高标准、严要求形成了鲜明的反差，因此，亟须一种能够兼顾语言技能与思维品质培养的教学模式，以推动语篇教学的创新与深化。

思维三元理论主张将思维活动分为情境构建、问题导向和协作探究三个维度，强调在真实或模拟的情境中，通过引导学生发现问题、提出问题，并在团队中共同探索解决问题，以促进学生逻辑思维、批判性思维和创造性思维的全面发展。这一理论旨在打破传统教学模式的局限，为语篇教学提供一种新颖的视角和实践路径。

一、思维三元教学模式概述

（一）思维三元教学模式的理论基础

思维三元教学模式的构建源于对人类思维过程的深入理解和分析，它借鉴了多学科的研究成果，尤其是心理学、教育学和认知科学的理论基础。该模式的创立者认为，人类思维可以大致分为情境构建、问题导向和协作探究三个核心维度，这三个维度互相交织，共同促进学生思维的全面发展。

情境构建强调在真实或模拟的情境中学习，让学生在处理实际问题的过程中自然地运用和习得知识。这种教学策略源于建构主义学习理论，它认为学习是主动建构的过程，学生在与环境的互动中形成理解和知识。通过情境构建，学生不仅能够更好地理解和应用语言，还能在面对复杂问题时，运用逻辑思维分析和解决问题。

问题导向则源自问题解决教学法，它鼓励学生主动发现和提出问题，进而探索、研究和解答。这种方法强调批判性思维的培养，让学生学会从不同角度审视问题，进行深入分析，做出判断和决策。在语篇教学中，通过问题导向，学生能深入挖掘语篇的深层意义，理解作者的意图，提升理解力和批判性思考能力。

协作探究是基于社会建构主义理论，强调在团队中通过互动和交流来共享知识，共同解决问题。在这一过程中，学生需要通过讨论、协商、分享和解释来发展他们的合作精神与沟通技巧，同时，这种合作也能促进创造性思维的发展，因为多元的观点和想法往往能催生新的思考路径与解决方案。

（二）思维三元教学模式的深入实践与影响

在教育实践中，思维三元教学模式已展现出其独特的优势，成为提升学生综合素养的得力工具。以小学英语语篇教学为视角，本书作者以及团队的实证研究表明，该模式不仅强化了学生的阅读与写作能力，更在深层次上锤炼了学生的思维灵活性与创新能力，这一成效在学生的团队合作与竞赛中的卓越表现中得到了直观验证。尤为重要的是，该模式在当前教育体系内，特别是在分析性思维被过度强调的环境下，为平衡逻辑思维、批判性思维与创造性思维的发展提供了重要途径。

具体而言，在语篇教学的情境构建阶段，教师巧妙运用现实或虚构的场景设置，为学生打造了一个个生动的语言实践舞台。以环保教育为例，通过模拟联合国环保会议，学生化身为各国、地区和组织代表，在协商讨论中不仅锻炼了语言交流能力，更学会了如何在复杂情境中运用逻辑思维剖析问题，实现了语言技能与思维能力的双重提升。

进入问题导向环节，教师鼓励学生成为主动的探索者，对语篇内容进行深入挖掘，勇于提出疑问与挑战。通过分析关键句、探讨语篇结构、解读作者意图等过程，学生不仅加深了对文本的理解，更培养了批判性思考的习惯，逻辑思维与批判性思维能力在此过程中得到了显著增强。

协作探究阶段则进一步强调了团队合作与知识共创的重要性。通过小组讨论、观点辩论等形式，学生不仅深化了对语篇内容的认识，还在交流碰撞中激发了创造性思维，学会了从多角度审视问题，提出创新性的解决方案。

值得注意的是，思维三元教学模式的实施始终遵循社会建构主义理论，强调在合作中构建知识，这不仅促进了学生语言技能的进步，也为其协作能力、创新能力的发展奠定了坚实基础。随着时代变迁与社会需求的变化，教育方法与策略亦需与时俱进，不断创新与优化。

综上所述，思维三元教学模式以其独特的理念与方法，为语篇教学注入了新的活力，不仅有效弥补了传统教学中逻辑思维培养的短板，更为学生的全面发展与终身学习铺设了坚实的基石。

二、语篇教学现状的深度剖析

（一）传统教学模式的局限与反思

当前，语篇教学领域普遍存在着教学模式单一、内容浅层化的问题。传统教学模式往往侧重于词汇、语法的机械传授与语篇表面信息的简单解读，忽视了语篇内在的逻辑脉络与深层意义的挖掘。这种教学方式不仅难以激发学生的学习兴趣，更限制了学生思维能力的全面发展，导致学生在面对复杂问题时缺乏深度思考与批判性分析的能力。

本书作者的研究深刻揭示了这一现象，并指出在过分强调分析性思维的教育环境中，教学模式亟待调整与优化，以更好地平衡逻辑思维、批判性思维与创造性思维的培养。因此，探索并实践新型教学模式，如思维三元教学模式，已成为当前语篇教学改革的重要方向。

在这种背景下，以学生为中心、注重思维能力提升的教学实践逐渐兴起。教师从传统的知识传授者转变为引导者，通过创设丰富的语言实践情境、引导学生主动提问与探究、鼓励团队协作与知识共创等方式，不仅提升了学生的语言技能，更在潜移默化中培养了学生的综合素养与创新能力。

在协作探究的精髓阶段，学生们汇聚于小组之中，借助深入的讨论、积极的协商与自由的观点分享，共同攻克难题。这种高度互动的合作学习模式，不仅是沟通技巧的磨砺场，更是创造性思维迸发的沃土。以分析科技进步文章为例，学生们分组研讨，不仅深化了对语篇内涵的理解，更在思想的碰撞中开辟了新的思维疆域，孕育出独特的见解与创新性的解决方案。此教学策略不仅与社会建构主义理论不谋而合，其实践成效也充分验证了其在强化逻辑思维、批判性思维及创造性思维方面的卓越贡献。

因此，语篇教学模式从传统的单向讲解向思维三元模式的华丽转身，不仅是对当前教育现状的深刻反思，更是对21世纪人才培养新要求的积极响应。通过巧妙融合情境构建、问题导向与协作探究三大要素于语篇教学之中，教师成功打造了一片滋养多元思维发展的沃土，为学生铺设了一条通往思维品质与语言技能双重飞跃的康庄大道。

（二）语篇教学存在的问题与挑战

当前的语篇教学在培养学生逻辑思维方面存在明显的不足，这在很大程度上制约了学生深度理解语篇、进行批判性思考和创新性问题解决的能力。

在课堂实践中，教师往往过于关注对语篇表面信息的解读，以及词汇和语法点的传授，而对语篇中逻辑结构的深入剖析和段落间的关联性探讨关注不够。这导致学生在阅读时难以把握文章的主旨，无法对信息进行深入的分析和评价，更不用说进行创新性思考了。

在逻辑思维的培养上，教学方法存在缺位、不充分和不系统的问题。逻辑思维是理解和表达复杂信息的基础，是人们在日常生活和学习中进行有效决策的关键。然而，现行的教学模式往往将重点放在语言知识的掌握上，没有设置足够的环节来培养学生的逻辑推理和判断能力。特别是对于语篇中的衔接与连贯，如连接词的使用、照应和替代等，教师可能并未充分引导学生去观察和分析，从而错过了培养他们的观察力、比较能力和综合分析能力的机会。

段落结构的分析和理解，作为逻辑思维训练的重要组成部分，也常常被忽视。教师可能没有充分利用语篇中的概念和信息来训练学生的抽象和概括能力，以及理解段落间逻辑关系的能力。这使得学生在理解语篇的整体结构和作者的意图时，难以形成结构化思维，进而限制了他们对语篇深层意义的挖掘。

面对这些挑战，教学策略需要进行调整，以系统地培养学生的逻辑思维。教师应当设计更具思维挑战性的活动，如利用"读前启思、读中促思、读后拓思"的策略，引导学生深入思考，不仅关注文本表面信息，还要理解语篇的内在逻辑。在实际教学中，教师要灵活运用思维三元教学模式，结合情境构建、问题导向和协作探究，以促进学生思维的全面发展，适应21世纪人才培养的高标准要求。通过这样的教学改革，我们可以期待语篇教学不仅能提升学生的语言技能，还能把他们培养成为具备批判性思维、逻辑思维和创造性思维的全面发展的个体。

（三）语篇教学改进与发展趋势

语篇教学的改进与发展趋势旨在应对现有教学中的问题，并适应未来教育的需求。随着21世纪知识经济的兴起、全球化的推进，以及科技的快速发展，教育的目标已经从单纯的语言技能传授转向培养学生的全面思维和创新能力。传统的教学模式已经无法满足这些新的教育目标，因此，对语篇教学进行改进与创新变得至关重要。

教学方法的更新是语篇教学改革的核心。从教师中心转向学生中心，将课堂转变为一个促进思考和探索的空间，是教学改进的关键。思维三元教学模式的引入，通过情境构建、问题导向和协作探究，旨在提供一个多元化的学习环境，让学生在实际问题解决中自然而然地习得语言，发展逻辑思维、批判性思维和创造性思维。

语篇教学应更加注重深度学习。这意味着教师需要设计富有挑战性的活动，引导学生透过表面信息，理解语篇的深层结构和作者意图。比如，通过分析段落结构，学生可以学习如何识别主题句、理解支撑句，进而提升逻辑思维能力。同时，分析篇章间的逻辑关系，如话题的统一性、层级性以及语义连贯性，有助于学生形成结构化的思维方式。

教学中应更加重视语篇的逻辑结构与衔接。教师需要教导学生识别和理解连接词、前后照应和替代等语篇衔接手段，以提升他们的观察力、比较能力，以及分析和综合能力。通过这些练习，学生能更好地理解语篇的连贯性，提高他们对复杂信息的处理能力。

在评价体系方面，未来语篇教学可能更多地倾向于形成性评价，关注学生在学习过程中的思维过程和实际表现，而不仅仅是对最终结果的考核。这将促使教师设计更多促进思考和讨论的活动，鼓励学生在真实情境中运用语言，同时培养他们的批判性思维和创新性思考。

技术的应用是语篇教学改革的另一重要趋势。随着在线学习和人工智能的发展，教学资源变得更加丰富和个性化，教师可以利用互动式电子书、在线讨论平台等工具，为学生提供更为直观、动态的学习体验。这些技术不仅能够激发学生的学习兴趣，还能够进行数据分析，为教师提供实时反馈，从而精确调整教学策略，以适应不同学生的学习需求。

语篇教学的改进与发展趋势要求我们从教学模式、学习方式、评价系统以及技术应用等多方面进行改革，以培养学生的全面思维能力，同时满足21世纪的教育需求。思维三元教学模式的实践研究提供了理论依据和实证支持，为语篇教学的创新提供了有力的工具。未来，我们期待看到更多基于这一模式的创新实践，为提高学生的语篇理解能力、批判性思维和创新精神做出贡献。

三、思维三元教学模式在语篇教学中的实践

思维三元教学模式在小学英语语篇教学中的
实践研究成果报告

一、问题提出的背景及研究意义

《义务教育英语课程标准（2011年版）》指出：语言既是交流的工具，也是思维的工具。英语课程承担着培养学生基本英语素养和发展学生思维能力的任务。在课程基本理念中，三次提到"思维"，由此可见促进学生思维能力发展的重要性。良好的思维能力是学生在今后社会生活中取得成功的关键。美国耶鲁大学心理系和教育系教授斯滕伯格指出，"对成功而言并不存在单一的标准，聪明人从很大程度上讲，就是那些能够在自己选择、有时甚至是自己创造的领域中，发现获得成功途径的人"。如果能拥有分析性思维、创造性思维和实用性思维这三种思维模式并能合理运用，无论是对现在的学习还是对将来的发展，都相当于有了一个有力的武

器。然而，遗憾的是，课堂和测验往往只重视分析性思维这一种思维模式。其实这三种思维模式同样重要，没有哪一种可以替代其他两种。尤其具有讽刺意义的是，对很多学生来说，那些最容易被认定为聪明的智力，在他们未来的生活和工作中，远远比不上其他思维模式在实际中更为有用。因此，我们的教学应该以培养、提升和和谐发展学生的三种思维模式为主要目标。

纵观本地区的小学英语课堂教学，大部分教师还停留在教教材的层面，能合理整合教材的在少数，能在课堂教学中体现发展学生的思维能力的更是寥寥无几。这与当今的社会发展和人才需求是相违背的。

本课题研究将在已有的研究基础上，对人教版PEP小学英语的各种课型以及各个教学环节如何发展学生思维、如何提问、如何设计活动进行更深入和系统的研究，提炼教学模式，最终达到提高学生的思维能力和综合语言运用能力的目的，从而提升学生的综合素养。

本课题研究还探讨如何合理运用三种思维教学策略（照本宣科策略、以事实为基础的问答策略和对话策略）进行课堂教学，以发展学生的高级思维技巧。避免教师扼杀学生思维的死板教学模式；打破教师教、学生学的被动学习局面，指导教师提高学生的思维能力，最终提高学生综合运用语言的能力，即用英语做事情的能力，提升学生的综合素养。研究的成果"思维三元教学模式在小学英语教学中的实践研究"推广意义很大，重点体现在可复制，可操作性强。

二、解决问题的主要方法和措施

（一）研究方法

本课题研究主要采用行动研究法、调查法、案例分析法、实验法、参考文献法、经验总结法等方法进行。

（二）课题实施前期的准备工作

为了了解我校、我区英语思维教学的现状，笔者设计了一份简单的问卷：《小学英语语篇教学中学生思维品质培养的探究与实践教师问卷》，得出以下结论：教师对学生思维品质的培养有一定的认识，但缺乏理论的指导，教师对教材处理不到位。教师不知道该设计怎样的问题才可以培养学生的思维。在日常的教学中，教师更多倾向于培养学生的分析性思维，对学生的创新思维和实用思维方面培养较少。在思维教学的策略方面了解比较少，比较单一地使用照本宣科策略，使得学生不会，也不愿意自发地提问、主动寻求答案。

鉴于此，笔者旨在为教师们提供3~6年级五种课型的有效模式，以供教师们在自己的教学中能参考使用，让更多的学生成为聪明的学习者。

（三）课题实施具体步骤与过程

1. 理论研读，挖掘教材。利用每周四下午的校本教研时间，和课题组教师一起研读《思维教学——培养聪明的学习者》这一本书，认真学习斯滕伯格的思维三元论，通过学习分享与讨论，透彻理解三种良好的思维模式及背后的高级思维过程，学习如何运用三种教学策略。同时，认真研读教材、课程标准，查找有关思维教学的相关资料，认真学习，改变传统的照本宣科式的教学理念，用最新、最正确的理论指引教学活动。

2. 专家引领，提炼模式。为了使课题研究开展顺利，保证质量，笔者专门邀请了徐苏燕（广东外语艺术职业学院副教授，中国外语教学专业委员会教学指导委员，人民教育出版社教材培训专家）作为该课题导师，并到我校为老师们进行专门的培训，重点为在语篇教学中如何培养学生的思维品质。

3. 研磨课例，编写校本思维三元理论指导下的语篇教学案例集。

（1）师傅带头，勇挑重担。

为推动本地区的思维教学，探讨复习课的思维训练，2017年4月3日，笔者上了一节六年级的复习课。这节课虽然设计了很多有趣的活动，也设计了一些能培养学生思维品质的问题与活动，但给人的感觉是零散的，还未达到作为范例课的要求。

（2）导师引领，挑战成功。

2017年4月12日，在导师徐苏燕教授的指导下，笔者再次选择复习课作为广东省新一轮"百千万人才培养工程"培养对象第二次走进乡村教育活动的示范课，备课过程中还与区内的老师们一起探讨，多次修改教案，这次展示获得听课老师们和导师的高度评价。

（3）一人一课，全员参与。

"一枝独秀不是春，百花齐放春满园。"笔者带动整个科组、课题组和工作室的成员研磨语篇课，利用校本教研时间，每位老师都上一节研讨课。内容涵盖三至六年级，分两年完成。上课老师均有详细的教案和反思。迄今为止，已有10位老师研磨各种课型的课例，我们的思维三元教学模式已经在本地区成为语篇教学的风向标。

（4）组织赛课，扩大影响。

教师会教，学生就有机会学习；教师不会教，学生就没机会学习。为了扎实推进本地区语篇中的思维教学，笔者组织了第四片区（共七所学校）语篇教学课例展示。笔者指导的罗燕老师的教学设计获得同行的一致认可。2018年10月，笔者组织了思维三元教学模式课例展示活动，一共8节课，肇庆学院外语系一个班的学生也慕名而来，这次活动受到学院师生、端州教研员、PRT项目专家和同行的一致认可。

4. 以研促教，确立子课题。为了使本课题研究更具实效性，课题组3位老师分别申报了肇庆市端州区基础教育科研课题，包括罗燕老师的《英语绘本在小学低年段自然拼读教学中的实践研究》，何丽君老师的《小学英语语篇教学优化模式的探究》，胡文思老师的《小学英语语篇教学的策略与实施》。

5. 开展英语展演和竞赛活动。（略）

三、课题实验研究成果

（一）提炼出基于思维三元的五种教学模式

思维三元教学模式如图2-2-1-1所示。

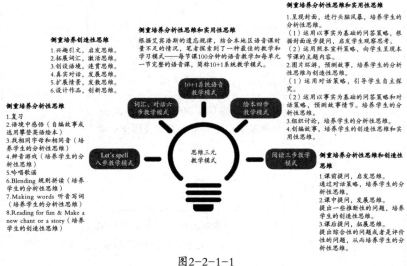

图2-2-1-1

（二）形成优秀教案集（25节）和反思集

课例获奖与展示见表2-2-1-1（推送至学习强国2节，省级4节，市级4节，区级7节，校级8节）。

表2-2-1-1

姓名	时间	参赛、获奖项目	等级
陆梅红	2017.04	在清远市连州市实验小学执教绘本示范课	省级
	2018.04	在鹤山市沙坪镇第三小学执教语音示范课Red Ben，并做专题讲座	省级
	2019.04	在茂名市化州市丽岗镇中心小学执教示范课PEP Book 5 Unit 5 There is a dark dark house	省级
	2020.07	My Schoolbag被评为端州区线上教育优秀课例，并被推送至学习强国	区级
	2021.04	在潮州市湘桥区意溪和慈云小学执教语音示范课PEP Book 2 Unit 5 Let's spell	省级
周 婷	2017.06	PEP Book 5 Unit 5 There is a dark dark house参加肇庆市小学英语语篇优秀课堂小学评比	市级二等
林柏颖	2017.11	PEP Book 5 Unit 5 Read and write参加肇庆市小学英语语篇优秀课堂小学评比	市级二等
	2020.07	PEP Book 4 Unit 2 Let's talk 线上公开课	区级
罗 燕	2018.11	参加"中小学英语特色校本课程研究与实践"项目之肇庆市区域精品课展示活动	区级一等
	2020.07	Fruits 被评为端州区线上教育优秀课例	区级

姓名	时间	参赛、获奖项目	等级
于 青	2018.07	Unit 5 TV shows Let's spell 参加肇庆市名师网络大课堂活动	市级展示
	2018.09	PEP Book 7 Unit 3 Let's talk 参加肇庆市教研室组织的中小学衔接研讨会展示	市级展示
	2019.04	PEP Book 6 Unit 5 Read and write参加端州区录像课评比	区级特等
	2020.07	Phonics wh被评为端州区线上教育优秀课例，并被推送至学习强国	区级
	2021.12	PEP Book 7 Unit 3 Let's talk参加2021年广东省青年教师教学技能比赛肇庆市端州区选拔赛	区级一等

（三）形成教师论文集（累计16篇）

发表论文5篇见表2-2-1-2。

表2-2-1-2

姓名	时间	项目	等级
陆梅红	2017	《TPR理论指导下巧用字母操助力英语学习起始阶段的学困生》在《英语学习报》上发表CN14-0702/（F）	省级
	2018	《巧设阅读提问，培养思维能力——基于人教版小学英语语篇教学探究》在《考试与评价》上发表ISSN 1009-6027，CN 22-1387/G4	省级
	2019	《My family 教学设计》发表于《小学教学设计与实施——广东省小学名师培养对象优秀教学设计集》ISBN 978-7-5623-5945-6	省级
	2019	《语篇情境在Phonics教学中的运用》发表于《小学、幼儿园教育研究与实践——广东省小学、幼儿园名师培养对象优秀论文集》ISBN 978-7-5623-5949-4	省级

续 表

姓名	时间	项目	等级
于 青	2018	《培养学生英语思维品质，提高英语核心素养》在《读写算》发表ISSN1002-7661、CN42-1078/G4	省级

获奖论文11篇见表2-2-1-3。

表2-2-1-3

姓名	时间	项目	等级
陆梅红	2017	《人教版英语语篇教学环节提问及思维能力的培养》参加肇庆市教育学会中小学外语教学专业委员会优秀教育教学论文评比	市级三等
	2018	《巧设阅读提问，培养思维能力——基于人教版小学英语语篇教学探究》参加肇庆市中小学教育教学优秀论文评比	市级一等
	2020	《"思维三元"教学模式在PEP小学英语语篇教学中的实践研究》参加广东省教育学会年度论文评比、肇庆市中小学教育教学优秀论文评比	省级二等市级一等
罗 燕	2019	《浅谈微课在小学英语教学中的应用》参加广东教育学会论文评比	省级三等
	2020	《英语绘本在小学低年级段自然拼读中的应用研究》参加广东教育学会论文评比	省级二等
周 婷	2018	《思维导图在小学英语高年级语篇教学中的运用》参加肇庆市中小学教育教学优秀论文评比	市级二等
于 青	2019	《基于内容分析法的教材中的提问对培养学生英语思维品质的影响》参加端州区论文评比	区级一等
	2020	《人教版小学英语六年级上册阅读课提问设计思维层次分析》参加肇庆市中小学教育教学优秀论文评比	市级一等
	2021	《"双减"背景下利用思维导图培养学生英语思维品质》参加区论文评比	区级一等

姓名	时间	项目	等级
林柏颖	2020	《例谈如何巧用插图提高小学英语语篇教学的实用性》参加广东省教育学会论文评比、肇庆市中小学教育教学优秀论文评比	省级三等市级一等
黎丽娜	2019	《浅议小学阶段英语课堂生本教育的探索与实践》参加端州区评比	区级三等

四、课题成效与反思

（一）促进了学生素质的全面发展和提高

1.培养了学生的兴趣，提高了学生的阅读和写作能力。

当思考不再成为负担，学生学习英语的兴趣变得更浓厚了。肇庆市第十五小学高年级每学期都举行阅读和写作比赛，从赛果上看，经过系统思维训练的班级，获奖人数最多，学生在英语学习上显得更自信。

下面以五5班和其他班别各项数据排名对比为例。五年级第一学期写作与阅读能力调查分析（2017.6）见表2-2-1-4。

表2-2-1-4

班别	参加人数	写作				阅读			
		应得分		10分		应得分		5分	
		总失分	人均失分	满分人数	满分率	总失分	失分率	满分人数	满分率
五1	53	123	2.32	15	28.3%	43.5	16.1%	30	56.6%
五2	52	154	2.96	11	21.2%	23.0	8.4%	32	61.5%
五3	53	107	2.02	20	37.7%	21.0	7.8%	40	75.5%
五4	52	116	2.23	16	30.8%	33.5	12.2%	35	67.3%
五5	50	180	3.6	10	20%	28.0	10.4%	34	68%

　　笔者执教五5班，表2-2-1-4数据显示，起始阶段五5班的综合能力在年级里排名第五。五年级第二学期写作与阅读能力调查分析（2018.1）见表2-2-1-5。

表2-2-1-5

班别	参加人数	写作				阅读			
		应得分		10分		应得分		13分	
		总失分	人均失分	满分人数	满分率	总失分	失分率	满分人数	满分率
五1	53	115.0	2.17	12	22.6%	58.0	8.3%	19	35.8%
五2	52	147.0	2.83	15	28.8%	46.0	6.4%	23	44.2%
五3	53	98.0	1.85	23	43.4%	38.0	5.4%	28	52.8%
五4	52	104.0	2	17	32.7%	54.0	7.6%	24	46.2%
五5	50	111.5	2.23	24	48%	40.0	5.7%	30	60%

　　笔者坚持用"思维三元"教学模式进行课堂教学，表2-2-1-5数据显示，五5班在写作和阅读能力方面开始优于其他班。六年级第一学期写作与阅读能力调查分析（2018.7）见表2-2-1-6。

表2-2-1-6

班别	参加人数	写作				阅读			
		应得分		10分		应得分		13分	
		总失分	人均失分	满分人数	满分率	总失分	失分率	满分人数	满分率
六1	53	98.0	1.85	16	30.2%	72.5	10.3%	18	34%
六2	52	102.0	1.96	20	38.5%	53.0	7.4%	20	38.5%
六3	53	82.0	1.55	28	52.8%	51.0	7.3%	17	32.1%
六4	52	87.0	1.67	22	42.3%	63.5	8.9%	11	21.2%
六5	50	68.0	1.36	30	60%	26.0	3.7%	35	70%

数据显示，到六年级第一学期末，六5班学生在写作和阅读能力方面的优势越来越大。从第三名，到第一名，到与第二名拉开一定距离。由此可见，用思维三元模式培养学生的思维能力，时间越长，效果越明显。

2. 锻炼了学生的胆量，磨炼了学生的意志。

3. 培养了学生的协作精神。

4. 促进了学生的思维发展。

5. 课题研究的几年间，学生参加各级各类比赛屡获殊荣，参赛人数和获奖人数呈逐年上升趋势，见表2-2-1-7。

表2-2-1-7

时间	项目	获奖人次	最高等级
2017-2022	广东省中小学英语朗读能力在线展示活动	40	一等奖
	广东省"一拼到底"媒体电视大赛肇庆市决赛	50	季军
	广东省第十二届IEEA国际英语精英赛广东赛区	10	一等奖
	粤港2019年第二届泸粤琼港"小翻译官"现场翻译交流活动	2	金奖
	肇庆市第六届"和教育-口语易杯"中小学生英语听说能力展示活动	10	一等奖
	端州区英语口语大赛	13	亚军
	合计	125	

（二）推广辐射

1. 深化了本地区的英语语篇课堂教学改革。六年来，通过研磨课例，课题组的老师们分别在省、市、区、校上过示范课、研讨课或比赛课，获得听课老师们的高度评价。通过组织第四片区（共七所学校）教材整合教学比赛和课题组思维三元教学模式课例评比，要求参赛教师在课例中有体现培养学生思维品质的活动设计。笔者欣喜地看到，老师们在问题设计上有了质的突破。笔者指导的林晓珊老师、李翠仪老师、周婷老师、林柏颖老师和于青老师的教学设计更是获得同行的一致认可。

2. 推广经验，受到粤东西欠发达地区的欢迎。主持人每年都承担各级各类的培训任务和示范带学活动，包括由广东省教育厅主办的"走进乡村教育"活动、广东省强师工程"乡村小学教师多能力培训"、韶关乐昌"三区"教师轮训、茂名市茂南区"名校长、名班主任、名教师"培养对象跟岗培训、惠州市仲恺高新区中小学英语骨干教师培训、汕尾陆丰云送教、云浮市"强师工程"乡村教师培训、肇庆怀集送教等，近几年累计承担省级讲座7场，市级讲座25场，区级讲座8场，把课题成果推广至全省各地。

清远连州、潮州饶平、江门鹤山、茂名化州、惠州仲恺高新区、潮州湘桥、汕尾海丰、韶关乐昌、佛山禅城、云浮云安、肇庆鼎湖、肇庆高要、肇庆封开、肇庆四会、肇庆广宁、肇庆怀集等地都有课题组成员推广经验的足迹。

（三）教师成长

课题组成员成功申报两个市级课题和3个区级课题（其中一个荣获端州区基础教育科研成果一等奖）。课题组教师的教育教学技能有质的飞跃，教师们撰写的论文16篇、课例获奖和展示25节，在各级各类评比中屡获殊荣。2018年，肇庆市第十五小学和奥威斯实验小学被授予"中小学英语学科发展国际化共建平台PRT项目示范学校"。2018年11月，肇庆市陆梅红名师网络工作室被评为"优秀名师工作室（优秀工作室5个，合格工作室42个）"；2021年5月，课题主持人被评为"广东省新一轮名师工作室主持人"。

（四）成果的理论水平、创新点及推广价值

本课题研究的实践意义重于理论意义，其意义在于为肇庆市中心城区和使用本套教材的粤东西欠发达地区的小学英语思维教学提供可复制的、可操作的范例，为今后的相关研究提供一定的理论参考价值。

斯滕伯格的思维三元理论把思维划分为三个基本层面：分析性思维、创造性思维和实用性思维。本课题研究主要探讨了在思维三元理论的指导下，如何结合PEP版小学英语教材，在语音课、词汇课、对话课、阅读课、绘本课等的课堂教学活动中，通过教师提问和活动设计，对发展学生的思维能力进行更加系统的深入研究。让学生通过实际的必要训练，进一步了解思维过程，熟悉思维的基本方法，掌握思维的策略，形成有效监控和反思评价思维过程的技能。

本课题研究使教师更新教学观念：教学就是教人思维；改进教学方法，在思维三元理论的指导下设计教学活动；进而优化教学模式，提炼出小学英语基于思维三元理论的教学模式。

本课题研究引领本地区英语语篇中的思维教学上一个新台阶。六年前，本地区教师不注重培养学生的思维，也不知道在语篇教学中如何培养学生的思维品质。今天，关于语篇中的思维教学的论文如雨后春笋般涌现，思维教学在课题组的学校得到全面实施，我区的思维教学也上了一个新台阶。

本课题于2016年立项，2019年结题，在开展研究的过程中和结题以后，参与研究的队伍不断扩大，由原来的肇庆市第十五小学和奥威斯实验小学，增加了第八小学和肇庆市第一中学实验学校，参与研究的人员增加了奥威斯实验小学的林晓珊、李翠仪，第八小学的黎雨薇和肇庆市第一中学实验学校全体英语科组老师。老师们也在课题研究中得到全面的提升。

表2-2-1-8是参与课题研究教师的成果（2017—2022）。

表2-2-1-8

姓名	时间	项目	等级
林晓珊 （奥小）	2017	12月，课例《Unit 3 Look at me！Letters and sounds》参加2016—2017年度肇庆市"一师一优课、一课一名师"优课评比	市级二等
李翠仪 （奥小）	2018	《巧用"思维导图"，有效开展英语语篇教学》	市级二等
	2018	11月，参加PRT项目肇庆地区精品课评比暨小学英语优质课评比	区级二等
	2017	5月，参加肇庆市小学英语教师说课比赛端州区选拔赛	区级一等
黎雨薇 （八小）	2018	《浅谈在语篇教学中培养学生的思维能力》	市级三等
李德月 （一实）	2020	《巧用"检索式学习"，助力学生思维能力的提高》	省级三等
	2020	《基于斯滕伯格的"思维三元理论"，浅谈如何提高学生的英语思维能力》	市级三等
	2021	《参与式教学在小学英语评讲课的应用研究》参加广东省教育学会2021年度学术讨论暨第十七届广东省中小学校长论文征文评选	省级二等
	2021	《五年级下册Unit 5 Whose dog is it？Let's talk& Let's try》微课参加2020—2021学年肇庆市端州区小学英语微课制作比赛	区级一等

姓名	时间	项目	等级
李德月 （一实）	2020	《Phonics time Part four》课例被评为端州区线上教育优秀课例	区级
林 炜 （一实）	2021	《Phonic of letters i ie》微课，获2020—2021学年肇庆市端州区小学英语微课制作比赛一等奖	区级一等
黄晓华 （一实）	2021	《Unit 5 Whose dog is it？Let's Learn&Look，say and complete》参加肇庆市端州区小学英语微课制作比赛	区级二等
	2021	《人教版五年级上册Unit 4 Let's talk》参加肇庆市端州区2021年小学英语青年教师优质课评比	区级三等
胡力研 （一实）	2021	《人教版五年级下册Unit 2 Read and write》说课课例参加2021年广东省青年教师教学技能比赛肇庆市端州区选拔赛	区级二等
张 寒 （一实）	2021	《人教版三年级下册Unit 5 Let's talk》说课课例参加2021年广东省青年教师教学技能比赛肇庆市端州区选拔赛	区级二等
何丽君 （十五小）	2018	论文《利用教材插图优化语篇教学的实践》参加广东省中小学英语教育论文评选活动	省级三等

相关课题研究见表2-2-1-9。

表2-2-1-9

姓名	时间	项目	等级
于 青	2017—2021	主持课题《思维导图在小学英语中高年级语篇教学中应用的实践研究》	端州区一等
	2021	主持课题《核心素养下小学英语思维发展型语篇教学的实践研究》	市"十四五"规划课题立项
林晓珊	2021	《小学英语思维型对话教学范式的演技》	市"十四五"规划课题立项

续 表

姓名	时间	项目	等级
罗 燕	2018—2020	主持课题《英语绘本在小学低年级段自然拼读中的实践研究》	区级三等
何丽君	2018—2020	主持课题《小学英语语篇教学的策略与实施》	区级（已结题）

（五）课题存在的问题与设想

1. 对于部分老师来说，语篇中的思维教学还停留在一节课的研究上，他们还未能坚持系统训练，学生思维品质的培养有待提高。

2. 语篇课的活动设计不够多元化，还未能熟练运用三种教学策略全面培养学生的三种思维能力。

3. 思维能力与学习成绩之间并不必然地具有正相关关系，应思考如何激发教师的教学激情，坚持培养学生的思维品质。

4. 在思维三元理论的指导下，设计启发学生思维的问题，引导学生学会提问。

5. 模式的探究上，还要更有深度，尤其在符合学生学习需要和思维发展的角度要有进一步的研究。

6. 继续通过送教下乡和开讲座的形式，进一步推广本研究成果。

四、思维三元教学模式在阅读教学中的应用

在阅读教学中，思维三元教学模式的实施旨在通过情境构建、问题导向和协作探究三个环节，激活学生的多元思维，促进深度阅读和理解。首先，情境构建是将学生置于与阅读材料相关的实际或虚构的环境中，让他们在处理实际问题的过程中自然运用和习得语言，同时锻炼逻辑思维。例如，在教授一篇关于全球变暖的科普文章时，教师可以设计一个模拟气候谈判的情境，让学生代表不同国

家、地区进行讨论，这不仅要求他们理解文章内容，还鼓励他们运用逻辑思考分析问题，制定策略。

问题导向环节教师可以通过设计思考题，引导学生关注关键信息、分析语篇结构和作者意图，从而提升逻辑思维和批判性思维的能力。例如，在讲解一篇关于社会现象的新闻报道时，教师可以要求学生列出至少三个问题，这些问题可以涉及作者的立场、证据的可靠性，或者问题的多个解决方案，以此推动学生深入思考。

协作探究阶段，教师可以组织学生进行小组讨论或项目合作，共同分析语篇，寻找逻辑关系，或者就某个观点进行辩论。例如，学生可以分组研究一篇关于科技发展的文章，通过讨论，他们不仅能理解文章的各个部分，还能通过对比不同观点，发展创造性思维。这种合作学习方式不仅提升学生的语言技能，还有助于他们学习如何在团队中交流、协商和解决问题，培养协作精神和沟通技巧。

在应用思维三元教学模式时，教师应注重以下几点。

情境的真实性与相关性：确保情境与阅读材料紧密相关，让学生能在实际情境中运用所学知识，增强学习的实效性。

问题的开放性和启发性：设计的问题应鼓励学生从不同角度思考，不仅关注细节，也要涉及对整体的理解和批判性评价。

协作的互动和目标性：协作活动应有明确的目标，鼓励学生在讨论中分享观点，提升批判性思维和创造性思维，同时锻炼他们的团队合作能力。

评价的全面性和动态性：在评价学生的表现时，除了考虑语言技能外，还要关注他们的思维过程和问题解决能力，使用形成性评价以促进持续学习。

通过这种模式，教师能够引导学生从被动接受知识转向主动探索，鼓励他们运用逻辑思维、批判性思维和创造性思维，从而在阅读教学中实现语篇理解能力的提升和思维品质的全面发展。

五、思维三元教学模式在写作教学中的实践

在写作教学中，思维三元教学模式同样发挥着重要的作用。它不仅有助于提升学生的语言表达能力，还能通过引导学生在写作过程中综合运用逻辑思维、批判性思维和创造性思维，从而培养他们的全面写作技能。以下是思维三元教学模式在写作教学中的具体应用。

（一）情境构建

在写作教学中的情境构建阶段，教师可以设计与学生生活或兴趣相关的实际情境，让学生在真实或虚构的环境中进行写作，这种写作任务不仅要求学生掌握基本的语言结构和词汇，更需要他们运用逻辑思维来组织信息，构建连贯的论述。例如，让学生写一篇关于未来科技发展的短文，教师可以让他们设想自己在2050年的职业角色，并描述科技对工作的影响，这将激发学生对未来进行逻辑推理和预测。

（二）问题导向

问题导向环节在写作教学中体现在指导学生如何提炼论点，构建有力的论据。教师可以引导学生分析阅读材料，提炼出关键信息，然后鼓励他们思考这些信息如何转化为写作中的论点。同时，教师可以设计问题挑战学生的批判性思维，例如，让学生思考如何反驳某个观点，或者从多个角度探讨同一主题，从而训练他们分析和评价信息的能力。

（三）协作探究

写作教学中的协作探究环节通常以小组讨论的形式展开，让学

生共同分析写作任务，分享观点，讨论文章结构和论据的构建。通过辩论和讨论，学生们可以学习如何听取和理解他人的观点，以及如何有效地表述自己的观点。此外，这种协作过程也能促进创造性思维的培养，因为学生在整合不同观点时可能会产生新的思考角度和写作策略。

（四）个性化指导与反馈

在实施思维三元教学模式时，教师应关注学生的独特需求，提供个性化的写作指导。这包括帮助学生明确写作目标、改进论据的逻辑性，以及使用更具说服力的表达方式。同时，教师应鼓励学生互评，通过批判性思考来优化彼此的作品，这有助于他们形成自我反思和批判性评价的习惯。

（五）连接阅读与写作

写作教学不应孤立于阅读之外，而是应该与阅读教学紧密结合。教师可以引导学生分析阅读材料中的有效表达和组织结构，然后在写作中尝试模仿或创新。通过这种方式，学生可以将阅读中习得的逻辑思维和批判性思维应用到写作实践中，从而提升写作的深度和广度。通过思维三元教学模式在写作教学中的实践，教师可以培养学生的逻辑思维，让学生在写作过程中学会如何有条理地组织信息，清晰地表达观点；同时，批判性思维的培养有助于学生形成独立的观点，进行深入分析；而创造性思维的激发，使得学生能在写作中表现出新颖的思考角度和独特的表达方式。这种教学模式不仅提升了学生的写作技能，还为他们未来的学习和生活奠定了扎实的思维基础。

在语篇教学中，逻辑思维的培养起着至关重要的作用，它影响着学生对语篇深层意义的理解和批判性思考的能力。然而，传统教学方法往往过于偏重语言技能的训练，忽视了逻辑思维的系统培养。通过引入思维三元教学模式，教师可以引导学生在实际情境中运用语言，通过发现问题、解决问题，来提升逻辑思维和批判性思维的水平。实践部分的观察、访谈和作品分析证实了思维三元教学模式的有效性。学生在该模式下表现出更强的语篇理解能力，能够更深入地分析和评价信息，同时，教师也反馈教学满意度有所提高，这表明教学模式的改变不仅提升了学生的学习效果，也优化了教学过程。教学改革的实证研究结果与理论预期一致，为未来在更多教学场景下应用思维三元教学模式提供了有力的证据。

思维三元教学模式对于语篇教学的创新价值在于它打破了传统教学模式的局限，将逻辑思维、批判性思维和创造性思维融入教学过程，为培养21世纪所需的全面人才奠定了基础。然而，我们也认识到，每种教学模式都有其适用范围和局限，教师在实际操作中应灵活运用，针对不同学生的学习需求进行个性化的调整。

第二节　　加强小学英语听说读写培养，注重教学互动

听、说、读、写四个方面的技能在语言学习和交际中相辅相成，相互促进，学生应通过大量的专项和综合性语言实践活动，形

成综合语言运用能力。在英语学习过程中，听、说、读、写四项技能是一个有机统一体，听说能力的提高为学生读写能力的发展提供保障，而读写能力的发展又能促进学生听说能力的提高。听和读是语言输入的过程，说和写则是语言输出的过程。语言输入是语言输出的必要前提，而后者又能丰富前者。但是在教学实践中，英语写作教学却得不到足够的重视。《义务教育英语课程标准（2011年版）》在语言技能"写"的二级目标中明确要求：能正确地使用大小写字母和常用的标点符号；能写出简单的问候语和祝福语；能根据图片、词语或例句的提示，写出简短的语句。英语写作是运用语言文字表达和交流的重要方式，是认识世界、认识自我、进行创造性表述的过程，让学生进行英语写作不仅有助于词汇、句型、语法等知识的学习，还可以促进听、说、读、写能力的发展，有助于培养英语思维，提高学生的综合语言运用能力。因此，教师应从三年级开始注重培养学生的英语写作意识和写作思维。

一、创编歌谣，丰富语言输入

小学英语学习一般遵循"听说领先，读写跟上"的原则。"写"作为语言输出的高级活动，需要一个积累的过程，教师可以通过拓展阅读途径，加大语言输入，帮助学生积累词汇和英语的习惯表达方式，促进语言的高效"输出"。写作为语言"输出"的过程，要遵循从字母、单词、句子、语篇的顺序逐步递进。三年级初学英语时，我们根据学生的年龄特点，创编歌谣，丰富教学内容，激发学生学习的兴趣，形成英语语感，巩固新学知识，促进语言能力的发展。

1.结合自然拼读法，把字母与单词编成有节奏的歌谣，让学生

读起来朗朗上口:

AAA, [æ] [æ] [æ], ant and apple, [æ] [æ] [æ].

BBB, [b] [b] [b], book and bag, [b] [b] [b].

CCC, [k] [k] [k], cats and cakes, [k] [k] [k].

DDD, [d] [d] [d], dogs and door, [d] [d] [d].

熟读后,我们为学生布置正确书写字母的任务:

__ __ __, [æ] [æ] [æ], ant and apple, [æ] [æ] [æ].

__ __ __, [b] [b] [b], book and bag, [b] [b] [b].

__ __ __, [k] [k] [k], cats and cakes, [k] [k] [k].

__ __ __, [d] [d] [d], dogs and door, [d] [d] [d].

Chant音韵自然、和谐,学生在反复吟诵中能感受英语的韵律与节奏,感知英语的表达方式,于潜移默化中形成语言能力。

2. 我们创编的歌谣往往建立在教材的基础上,结合教材前后的知识联系,进一步丰富教材的内容,使新旧知识能像滚雪球那样滚动复现,加强学生的记忆。如(2012审定)人教版PEP英语三年级上册Unit 4 We love animals Let's chant,我们在教材内容的基础上添加了前面学过的颜色词汇,丰富语言的表述。

Look at the black cat . It is fat.

Look at the pink pig . It is big.

Look at the brown dog . It is on the log.

Look at the yellow duck . It is in the truck.

Look at the orange bear . It is on the pear.

3. 脱离语境的单词,犹如知识的碎片存储在大脑中,容易被遗忘。因此,我们在创编歌谣时应注重创设生活情境,加深记忆,如创设学习fan的歌谣:

Oops. It's hot，hot，hot.

Turn on the blue <u>fan</u>，turn on the green <u>fan</u>.

Turn on the yellow <u>fan</u>，turn on the red fan.

Phew. It's cool，cool，cool.

创设学习房间的单词歌谣：

TV，TV，where，where，where？

Living room，living room. In the living room.

Go to the living room. Watch TV.

OK. OK. Go go go.

Books，books，where，where，where？

Study，study. In the study.

Go to the study. Read some books.

OK. OK. Go go go.

Snack，snack，where，where，where？

Kitchen，kitchen. In the kitchen.

Go to the kitchen. Have a snack.

OK. OK. Go go go.

　　无论是对字母的认知，还是对单词的认知，建立在歌谣、韵律诗这样的语境当中，加深了学生对字母或单词的体验与感悟。我们还可以充分利用歌谣引导学生正确书写字母或单词，让学生边诵读边补充所缺的字母或单词，让学生的书写不单单是简单的抄写，更是建立在有一定思维基础上的有意义的学习活动，这种语言积累是完整的而不是零碎的，为学生以后的写作打下良好的基础。

二、强化句子训练，夯实写作基础

教师从三年级开始就要有习作训练的意识，抓住儿童语言发展的最佳时期，培养学生的听说能力。我们在三年级通过歌谣的创编培养学生的语感，激发学生说英语的兴趣，而在四年级则结合图片以及文本教学，让学生在图片的帮助和文本阅读中锻炼写句能力。句子是表达思想的最基本单位，一篇文章是由多个句子构成的，教师应从训练说简单的句子、写简单的句子入手，培养学生使用结构完整、句意清楚的句子。连词成句，熟悉语言结构。《义务教育英语课程标准（2011 年版）》对学生的二级写作要求的第三点是：能够根据词语的提示，写出简短的语句。起始阶段的语段写作多为句子的罗列，教师要首先帮助学生建立句子概念。句型比文章更容易阅读、模仿和记忆。句型的重复能让基本的句子结构得以凸显。当某些单词和句子一遍又一遍地被重复时，学生就会记住它们。教师可以通过引导学生大量朗读句型来帮助他们熟悉句子结构、培养语感。连词成句是一种有效训练写作技能的方法，能够为学生夯实写作基础。我们把每个单元的重点句型作为课后练习加强训练，操练的句子有选自教材的，如 We have a new classroom；也有拓展的，如 We have a big library，让学生掌握句子结构，表达不一样的意思。

看图写话，启发思维。小学生敢说敢写，乐于表达，但由于接触英语的时间不长，语言知识储备不足，又缺乏良好的语言环境，他们的语言交际内容往往受制于教材的内容，如人教版PEP英语四年级上册第五单元的重点句型 What would you like? I'd like some beef. 学生仅仅能围绕教材提供的chicken、noodles开展操练，无法打开思维，交际内容单调、枯燥。小学阶段的学生形象记忆要远远优于抽象记忆，注意力也容易被一些具体的实物所吸引，而语言的输出往往是源于对具体事物的描述与表达，因此我们可以借助图片进行语言的输出，让他们敢于表达，如借助水果的图片，学生能输出 I'd like some pears、I'd like some apples 等超越教材的句子，让学生体验大胆使用语言表达的成功。在三、四年级，学生的语言能力是不足的，教师可让学生根据图画中的内容进行简单的口头描述，让其以说话的形式将图画的内容表达出来，这样主要是为了激发与培养学生的说话欲望，提升学生的英语口语表达能力，为学生用英语写作奠定基础。而当学生的口语表达能力达到预期的教学目标时，教师则需要引导学生根据图画进行写作，让其将口头描述与表达转化为书面语言。根据教材，学生可能输出一句话，但是有图片的帮助，可以启发学生的思维使其输出更多的句子。

低年级的写作训练，教师可以依托话题和教材内容，培养学生的写句能力，运用简单的句子表达真实完整的意思，看起来不空洞，又能体现话题的中心思想。如人教版 PEP 英语四年级下册第一单元的话题是 My school Let's learn 操练的句型是 Where is the library? It's on the first floor. 在课堂进行充分的口语操练后，布置家庭作业时，我们可以引导学生依托话题，用 This is the library. It's on the first floor. That is the art room. It's on the second floor. 进行描述。除此以外，还可以依靠回答问题、句子填空等训练学生运用简单的句子表达的能力，依据教材插图训练学生的造句能力等。写句训练应符合一定的语言学习规律，由短到长、由易到难，循序渐进。

三、创建知识链接，盘活写作素材

低年级的学生在语言表达上存在储备不足的问题，我们在写作时可以按"相关链接"思维盘活素材。例如，在人教版PEP英语四年级下册第一单元 My school，学生运用本单元目标句型描述了 This is the library. It's on the first floor. It's next to the art room. 教师可以把四年级上册第四单元 Let's do. 如 Go to the study. Read a book. 链接过来，改成 We can go to the library. Read a book. 学生的表述就丰富起来了：This is the library. It's on the first floor. It's next to the art room. We can go to the library and read a book.

四年级的学生，经过两年时间的英语学习，已经积累了不少语言素材，但是他们还不懂得归纳与梳理，需要教师的引导与帮助。教师可以利用图表或思维导图的方式，为学生创建知识链接，为他们导出已有的知识储备。如在人教版PEP英语四年级下册第四单元 At the farm Let's learn，在操练环节教师创设了一个"健康配菜"游戏，看谁配的菜谱最多人选择作为晚餐，教师先通过思维导图的方式，让学生巩固本节课的目标词汇 vegetables：tomatoes, potatoes, green beans，然后复习了四年级上册第五单元学过的 food：beef, chicken, egg, fish, noodles. 在看图开展写作训练时，教师除了引导学生运用目标语言 Look at the tomatoes. They're red. 外，还利用思维导图导出beef、chicken、fish、egg、noodles 等词汇，学生要表达的意思就丰富起来了①Look at the tomatoes. They're red. I'd like some tomatoes and eggs for dinner. ②Look at the potatoes. They're big. I'd like some potatoes and beef for lunch... 激活相关链接，能解决缺少材料的问题。

其实在教材里就有丰富的资源，教师可以盘活写作素材，让学生充分地表达。人教版PEP英语四年级下册Unit 5 My clothes Let's learn 学习了pants、hat、dress、skirt、Unit 3则学习了cool、cold、 warm、hot 等关于天气的单词，我们可以设计一个简单的话题，让学生根据不同的天气选择适当的衣服。如 It's cold today. Put on my hat. It's cool today. Put on my pants... 教师要善于利用教材，整合资源。前后相连的单句叠加起来能表达一个完整的意思，训练了学生的逻辑思维。

四、贴近生活创设情境，激发写作兴趣

小学生的作文就是尝试把自己看到的、听到的、想到的内容或亲身经历的事情，用恰当的语言文字表达出来。对于小学生来说，作文就是童眼观察世界、童心感受世界、童言表达世界的一种自然倾吐。教师要创设丰富多彩的活动，激发学生习作的兴趣。例如，我们曾在四年级开展了一个 Where is Santa Claus? 寻找圣诞老人的交际活动，活动分成三个部分：第一部分画出我心目中的圣诞老人；第二部分用英语描述我心目中的圣诞老人；第三部分两人一组根据描述寻找圣诞老人。开始我们担心学生画出的圣诞老人会千篇一律，结果是10个学生画出了10个模样的圣诞老人，因此描述也是各具特色的。①I have a good friend. His name is Santa Claus. He's from the UK. He has five presents and a big bag. He has a reindeer and a yellow sled. ②I have a good friend. His name is Santa Claus. He's short and strong. He's friendly. He has a big red cap and a shirt. He has a small nose and mouth. He has a big beautiful deer. It has a red cap. 有些句子是学生通过查找资料的方式学会的，这种方式增强了学生学习的主动性，也增加了第三环节活动的趣味性。这样的活动，激发了学生的写作兴趣。

小学生生活阅历浅，写作素材不多，合理选材，能激发学生的写作兴趣，让学生有心想写、有话可写。小学生最熟悉的莫过于日

常生活中的人、事、物。例如，2018年是狗年，开学初，教师送给每一位学生一个 lucky bag，并在袋子里装着一只 paper lucky dog，这只 paper dog 没有五官，在开学第一课教师就让学生设计自己的 lucky dog，并在班上进行介绍，这样的活动激发了学生创作与写作的热情。①I have a lucky dog. It's orange. It has short ears. It has a cute cap. It has a big head. It has small eyes and a big mouth. It has short arms and short legs. Its shoes are orange. ②The dog is in the lucky bag. It's cute. It has short ears. It has a big body and short legs. I like the lucky dog.

作文离不开生活，写作的过程其实就是吸取素材的过程，写作教学应贴近学生实际，让学生易于动笔，乐于表达，引导学生关注现实，热爱生活，积极向上，表达真情实感。四年级下册第四单元的话题是关于农场里的蔬菜与动物，蔬菜是与学生日常生活息息相关的话题，教师可以布置学生去描写他们喜爱的蔬菜，学生往往会跳出教材框架，去表达他们的真实情感，写出更丰富的蔬菜名称，或者是更丰富的描述：①These are onions. They're purple. I don't like onions. They make me cry. ②Look at the tomatoes. They're red and juicy. They're sour. I like them. ③These are potatoes. They're big and brown. They're ugly. ④Look at the cucumbers. They're long and green. They're crisp. ⑤I like chillies. They're hot. 用好生活这本资源丰富的教材，能激活学生的英语思维，让他们乐于表达、敢于表达。

英语写作训练是小学生综合语言运用能力的书面体现。因此，教师要充分认识到培养学生英语写作的重要性。在利用教材资源训练学生写作时，要根据学生的年龄特点设计写作任务，注重策略研究，加强过程指导，努力培养和提高学生的写作能力和语用能力，为他们英语综合能力的持续发展打下坚实基础。

第三节 小学英语思维课堂教学设计

人教版PEP英语四年级上册Unit 2 My schoolbag Period 2: Take good care of your schoolbag单元整体教学设计

一、单元整体分析

单元整体分析见表2-2-3-1。

表2-2-3-1

单元话题	Take good care of your schoolbag
主题语境	人与自我
主题群	生活与学习，做人与做事
子话题	Don't put your schoolbag everywhere

二、单元主题及课时分话题

单元主题及分课时话题见图2-2-3-1和表2-2-3-2。

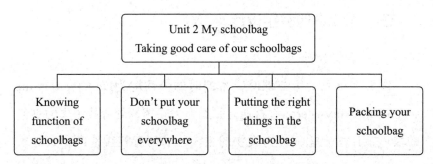

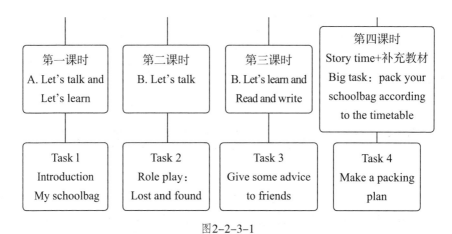

第一课时 A. Let's talk and Let's learn	第二课时 B. Let's talk	第三课时 B. Let's learn and Read and write	第四课时 Story time+补充教材 Big task：pack your schoolbag according to the timetable
Task 1 Introduction My schoolbag	Task 2 Role play： Lost and found	Task 3 Give some advice to friends	Task 4 Make a packing plan

图2-2-3-1

表2-2-3-2

单元教学目标	语篇
通过本单元的学习，学生能够： 1. 认识书包的功能，了解教科书的重要性，学会爱护书本	Let's talk and Let's learn
2. 学会妥善保管自己的文具物品，学会如何有礼貌地在失物招领处找回失物，以及如何帮助别人找回失物	Let's talk
3. 把正确的物品放进书包，了解不同的书包有不同的功能	Let's learn and Read and write
4. 根据第二天的课程表准备好书包里面的物品，养成会收拾东西、爱护书包的良好习惯	Story time +补充教材

三、第二课时教学设计

（一）教材分析

作为本单元的第二课时，本课时的分话题为Don't put your schoolbag everywhere. 教材通过张鹏在失物招领处寻找丢失的书包的情境，让学生感知作为失物的主人，如何有礼貌地向别人寻求帮助：Excuse me，如何描述书包里面的东西：An English book, two toys and a notebook，如何向别人表达深深的谢意：Thank you so much! 作为 helper 的 Miss White，通过 What colour is it? What's in it? 等核心句型帮助失主找到物品。学生在真实的Lost and Found的情境中，联系实际生活，感悟并学会该如何对待书包、管理书包，知道爱护书包的重要性。

（二）本课时设计思路

1.指导思想与理论依据。

（1）《义务教育英语课程标准（2022年版）》要求。

（2）语篇知识一级内容要求：

①识别对话中的话轮转换；

②知道语篇有不同类型，如对话、配图故事；

③体会语篇中图片与文字之间的关系。

（3）语用知识一级内容要求：

①使用简单的称谓语、问候语和告别语与他人进行得体的交流；

②在语境中使用基本的礼貌用语与他人交流；

③对他人的赞扬、道歉、致谢等做出恰当的回应。

（4）语言能力学段目标：

①能感知单词、短语及简单的重音和升降调等；能有意识地通过模仿学习发音；能大声跟读音视频材料。能感知语言信息，理解基本的日常问候、感谢和请求用语。

②能借助语音、语调、手势、表情等判断说话者的情绪和态度；能在语境中理解简单句的表意功能。

③能围绕相关主题，运用所学语言，进行简单的交流。

2.课标倡导"用英语做事情，用英语做正确的事情，正确用英语做事情"。

本课设计坚持以育人为本，通过张鹏丢失书包并在失物招领处找回书包这件事情，悟出要妥善保管书包的重要性，通过指导学生用正确的语气朗读"Excuse me. I lost my..." "Thank you so much!"让学生感悟要做一个有礼貌的人。注重培养和提升学生的思维品质，通过设计问题、追问（Why? How do you know?）和任务链等方式，让学生进入深度思考，发展思维。在精讲课文之前设计小组活动，让学生根据图片和个人已有经验对事件进行预测，通过思考，找出哪些句子是张鹏说的，哪些句子是Miss White说的，然后把句子排序，旨在培养学生的归纳与推断能力；同时培养学生的团结协作精神，增加活动的趣味性。注重发挥学生的主观能动性，通过设计表演评价表，让学生成为评价活动的参与者。本课学习的输出，是根据真实情境创编对话，实现迁移与创新，培养学生初步具有问题意识并进行独立思考。

（三）学情分析

1. 概况。

授课对象：四年级3班学生（40人）

认知特点：思维活跃，对事情有自己独特的见解；乐于参与合作、分享等学习活动。

生活经验：知道丢东西后要到失物招领处找老师帮忙。

知识储备：学生在三年级已经学习并初步掌握了有关学习用品、颜色、方位词汇28个。在三年级下册第四单元学过句型 Is it in your toy box? 在本单元第一课时已掌握主要句型What's in it? 的用法。能够借助图片、英英解释理解词汇；能够在思维导图的帮助下进行表达。

发展需求：综合运用所学语言，在真实情境中能礼貌地求助，学会怎么帮助别人在失物招领处找回失物。

2. 调研。

调研对象：肇庆市第一中学实验学校四年级3班5位同学。

学生特点：英语基础水平较弱。

交流能力：用已学句型进行对话，教师对其分别访谈。

结论：学生对颜色问题的交流比较流畅，但对What's in it？句型的操练不熟练。对于在什么场景说什么话，还不是很清楚。

（四）教学目标

通过本课时学习，学生能够：

1. 在看、听、说的活动中，获取、梳理对话中张鹏和Miss White在失物招领处是如何解决问题的。（学习理解）

2. 在老师的帮助下，分角色表演对话。（应用实践）

3. 简要评价张鹏是一个怎样的孩子，从对话中学到了什么。（迁移创新）

4. 同桌两人创编对话并进行表演。（迁移创新）

（五）教学重难点

教学重点：

1. 能够借助图片语境和问题链理解对话的深层含义，通过自然拼读解决生词的读音。

2. 能够在真实情境中恰当运用句型What colour is it？和What's in it？提问并回答。

3. 能够在真实情境中运用Excuse me. Thank you so much！知道owner 和 helper角色语言的区别。

教学难点：

1. 能在真实情境中恰当运用句型：What colour is it？It's...

What's in it？An English book，two toys and a notebook. 询问并回答物品的颜色以及某处有何物品。

2. 能够理解Here it is，并能正确发音。

3. 能感悟到管理书包的重要性。

（六）教法与学法

教法：

注重积累，注意培养语感，学用结合。课堂教学注重整体性，践行整体课程教学、整体单元设计等理念。

1. 利用教材提供的材料，激活学生已有的生活与学习经验，帮助学生在新学知识与已有知识之间建立联系。

2. 活化教学内容，创设生活化的语言情境，让学生在真实的语境中去理解语言、运用语言，达到习得语言的目的。

3. 在学生初步理解对话意义的基础上，提供不同层次、形式多样的操练活动，通过对话角色表演活动，让学生进行语言表达的初步体验，使抽象的语言知识形象化、具体化；在最后的产出活动中，设计交际性语用活动，让学生在完成语言交流的活动中，把语言知识转化为语言能力。

学法：

1. 在学习时集中注意力；在交流中注意倾听、积极思考；

2. 尝试运用多种途径学习英语，遇到问题主动向老师或同学请教；

3. 在词语与相应事物之间建立联系；在新旧语言知识之间建立联系；在语境中学习词汇和语法；

4. 积极运用所学英语进行表达和交流；

5. 对英语学习有兴趣，乐于参与学习活动；敢于开口，表达中不怕出错；有与同伴合作学习的愿望，乐于与他人共同完成学习任务。

（七）作业设计

1. Learn more about "Excuse me". 观看微视频，学习更多关于 "Excuse me" 的使用场景（图2-2-3-2）。

图2-2-3-2

2. Finish the mind map and try to retell the talk.

完成思维导图，并尝试复述对话。

（八）教学过程

教学过程见表2-2-3-3。

表2-2-3-3

Teaching procedures	Teacher's talk	Students' activities	Purpose
Step 1 Warming up	1. Enjoy a song *My schoolbag* What's the song about? 2. What's Zoom's schoolbag like? 3. Why is Zoom's schoolbag heavy? What's in Zoom's schoolbag?	1. 学生带着问题，观看视频，跟唱歌曲 2. 观察图片，回答问题 3. 猜测Zoom's schoolbag还有什么其他书籍	1. 把歌曲变成一份语篇听力材料，让学生从中提取信息，培养学生的分析性能力 2. 通过谈论Zoom's schoolbag，激活学生的已学知识，为新课的学习做好铺垫 3. 以游戏的方式猜测书包里有什么，活跃课堂气氛

Teaching procedures	Teacher's talk	Students' activities	Purpose
Step 1 Warming up	4. A guessing game: Bingo or Oh-oh 5. What's in your schoolbag?	4. 谈论自己的书包里有什么	
Step 2 Presentation	1. 用PPT呈现课本中张鹏的书包 Look, there's a schoolbag over there. What colour is it? Where is the schoolbag? 2. Whose schoolbag is it? Let's watch and answer. 3. Where is Zhang Peng? Yes, he is also at the Lost & Found. 用phonics教lost, found 呈现三年级上册Unit 2的chant: White, white. Touch the ground. Brown, brown. Turn around. 4. Why is Zhang Peng at the Lost & Found?	学生观察PPT中提供的场景和书包的颜色 观看对话视频,提取信息。 He is at school. dog—lot—lost ground—around—found Because he lost his schoolbag.	PPT中呈现的是失物招领处的一个书包,让学生根据图片提取信息,培养学生的观察和分析能力 found 的读音是难点,采用以旧引新的方式,培养学生的拼读能力

Teaching procedures	Teacher's talk	Students' activities	Purpose
Step 2 Presentation	5. What's in Zhang Peng's schoolbag? 教toy，notebook	boy—toy—toys nose—note—notebook	
	6. Can we put toys in the schoolbag?	No.	
	7. Who helped Zhang Peng find his schoolbag? Yes, Miss Whit is on duty at the Lost & Found today. 教读两次on duty，展示教师值日牌	Miss White. on duty	
	8. At last, can Zhang Peng find his schoolbag?	Yes, he can.	引导学生放正确的东西进书包
	9. Group work: Put the sentences into the right order. Zhang Peng lost his schoolbag. What does he say? Miss White helped Zhang Peng. What does she say? Here are all the sentences.	小组练习；分别找出张鹏和Miss White 说的句子，然后把句子排序	让学生理解文本的深层意思，今天是Miss White 值日，所以她帮张鹏找到了丢失的书包
	10. Please discuss with your group mates，then try to put them in the right order. 精讲对话		通过问题链，学生清晰知道整件事情是如何发生的

续 表

Teaching procedures	Teacher's talk	Students' activities	Purpose
Step 2 Presentation	11. Zhang Peng lost his schoolbag. What does he say? 以拆音的方式教 excuse Zhang Peng lost his schoolbag. Is he happy? Can you read the sentence with a sad or worried tone? 12. I show, you say If you lose something, what will you say? Let's play I show, you say. T举物品 （pencil box, water bottle, umbrella, school uniform） If you are the helper, what will you say? 13. Miss White found Zhang Peng's schoolbag in the box. What does she say? 引出Here it is. 14. Zhang Peng found his schoolbag. What does he say to Miss White?	最快完成的小组，到黑板上贴板书 Excuse me. I lost my schoolbag. 2~3人模仿，全班跟读两次 Excuse me. I lost my... What colour is it? / What's in it? / What's your name?	设计小组活动，让学生根据标题、图片、语篇信息和个人经验进行预测，培养学生的归纳与推断能力，同时培养学生在学习活动中尝试与他人合作，共同完成学习任务，积极思考，增加活动的趣味性 引导学生用正确的语气说"Excuse me. I lost my..."感受说话者的情绪、情感和意图 学创结合：学生结合个人生活经验，当丢失水杯、校服等物品时，可以使用所学英文单词、句型进行寻找，运用所学知识解决现实生活中的问题，培养学生的创新思维

Teaching procedures	Teacher's talk	Students' activities	Purpose
Step 2 Presentation	Is Zhang Peng happy now? Try to read the sentence with a thankful tone. 15. If you are Miss White, what suggestions will you give to Zhang Peng? 引出主题：Take good care of your schoolbag. 贴黑板 16. What do you think of Zhang Peng? 根据学生的回答写板书：careless, forgetful, polite （How do you know？） 17. Summary: Zhang Peng is careless and forgetful. But he is polite, too. Schoolbag is our good friend. Please take good care of it. Do you understand the whole dialogue? Look at the blackboard. 18. Are the sentences in the right order？	No. 学生跟读 Thank you. / Thank you very much. / Thanks. / Thank you so much! 2~3人模仿，全班跟读两次 请保管好你的物品。/下次不要丢三落四了。 粗心的，丢三落四，礼貌的	让学生对语篇内容进行简单的续编，培养学生的创新性思维 通过追问，培养学生的分析性思维，实现迁移创新

续 表

Teaching procedures	Teacher's talk	Students' activities	Purpose
Step 2 Presentation	（检查之前的练习） 19. Listen and imitate Please pay attention to the stress, liaison, pronunciation and intonation. 20. Read aloud. T: Now, please read aloud by yourself. Here are some tips for you: read correctly, fluently and emotionally. Please open your English book and turn to page 17. If you need help, please raise your hands. 21. Role play T: It's show time. I will be Miss White. Who wants to be Zhang Peng? Now, please act out the dialogue with your partner. 22. 请两组学生上台表演	学生跟读 学生自己朗读 遇到不会读的，举手提问，请小先生指导不会读的学生 同桌练习 学生表演	通过引导学生关注重音、连读、语音语调等，培养学生的语感，提高英语朗读能力。 鼓励学生敢于开口，遇到不懂的问题敢于向老师或同学求助。 通过对话角色表演活动，学生初步体验语言表达，使抽象的语言知识形象化、具体化

续　表

Teaching procedures	Teacher's talk	Students' activities	Purpose
Step 2 Presentation	23. Take out this paper and give them assessment. How many stars can they get? 24. What do you learn form this dialogue?	学生在评价表上为表演的同学打分 如何有礼貌地寻求帮助。/不要乱放书包。/要保管好自己的物品。 /Don't be careless and forgetful. /Take good care of your schoolbag.	在学生表演的时候，下面作为观众的学生人人有事做，激发学生的内驱力，专注倾听，参与评价
Step 3 Extention	1. Can we put the schoolbag in these places？判断图片对错 2. 同桌练习：PPT展示三个丢失物品的场景，分别是教室、操场和家，给出可选用的句子，两个学生为一组选一个场景进行自编对话	学生边说边用动作表示 同桌练习 两组学生表演对话 学生在评价表上为表演的同学打分	1. 结合生活实际，引导学生妥善保管书包，不要随处乱放。 2. 学生在完成语言交流的活动时，把语言知识转化为语言能力

（九）板书设计

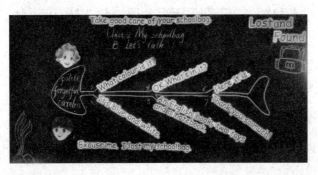

四、学生用Work sheet

（一）情境对话

选一个你喜欢的情境与朋友进行表演，用上所学语言，情节合理，语句通顺，在模仿的基础上要有创新。

（二）Assessment表演评分表

Assessment表演评分表见表2-2-3-4。

表2-2-3-4

序号	say correctly 正确 ☆ ☆ ☆	say fluently 流利 ☆ ☆ ☆	act vividly 表演生动 ☆ ☆ ☆	总评 ☆
1				（　　）
2				（　　）
3				（　　）
4				（　　）
5				（　　）

（三）Homework

Finish the mind map and try to retell. 完成鱼骨思维导图，并尝试复述。

人教版PEP英语四年级上册 Unit 3 My friends Let's talk教学设计

一、教材分析

本课内容是人教版PEP Primary English Book 3 Unit 3 My friends 的第一课时。仔细分析教材以后，笔者认为在同一个课时出现is、 has两个句型，学生会混淆不清，很难掌握，因此对教材内容进行了整合，打破了先教Let's Learn再教Let's Talk的传统，把A的前半部分单词与B的前半部分句型结合起来放在第一课时，并根据学生水平增加了新的常用单词和句子进行拓展。

二、学情分析

本课的教学对象是四年级学生，是借班上课。借班上课让老师和学生之间有了一种特殊的关系——互不相识。这种关系若处理不当，很容易造成课堂气氛紧张、沉闷。

学生从三年级开始学英语，学了字母，开始记单词，还不会写句子，所以这节课在写方面的设计是填单词。学生三年级时学过有关身体部位的单词和部分形容词，如long、short、tall、big、small等。由于学生所学的知识有限，特别是对过去所学知识的部分遗忘，对描述一样东西只能简单说一两句。

学生活泼好动，学习积极性高，接受新知识快，表现欲强。

三、教学目标

1. 知识目标：

（1）New words：friends，long hair，short hair

（2）New drills：He/She has...

（3）拓展内容

增加学生的词汇量和常用句型，丰富学生的谈话内容。

curly，glasses　　　He wears glasses.

2. 能力目标：

（1）能适当利用一些形容词描述人物的外貌特征。

（2）能够提问别人的姓名，如Who's he/she?　What's his/her name?

（3）能用连贯的几句话描述人物的外貌特征。

3. 情感目标：

（1）对课堂活动感兴趣，并积极参与各种活动。

（2）通过小组活动、分组比赛培养学生的良性竞争意识，增强集体意识。

4. 策略目标：学会小组合作，与他人交流。

四、教学重难点

教学重点：1. 掌握新词，并初步学习书写has句型的表达。2. 能运用所学知识简单描述人物的外貌特征。

教学难点：1. has的读音。2. He/She has...句式的词序排列特点。

五、教学方法和手段

这节课主要运用整体教学法、直观教学法、交际法和情景教学法来突出重点与突破难点。师生互不相识，固然给教学带来许多不便，但按交际法原则，师生之间存在信息沟，老师想认识同学们并想和他们交朋友，课堂的导入也就变得自然和流畅。接着，从现实生活出发，介绍老师的朋友，使学生在整体中感知语言，并通过班上同学的外貌和多媒体手段让学生直观地学习。最后通过创设情境，让学生运用所学知识进行交际，突破了本课的难点。

通过儿歌、童谣、游戏等教学手段，学生在轻松的气氛中学习，寓教于乐。

六、教学准备

抽奖盒，写有学生姓名的字条，每个学生带一张朋友的照片，练习纸，课件。

七、板书设计

Unit 3 My friends

friends

She has long black hair. long hair

He wears glasses. short hair

glasses

curly

has

八、课堂练习

选词填空。（单词可重复使用）

He，She，long，short，big，small，friend

I have a _____. _____has a _____nose and a _____mouth. _____ has _____black hair and _____eyes.

九、课后作业

用英文向你的父母介绍Miss Lu 的外貌。

十、教学过程

Greetings and warming-up

T：Good morning，boys and girls. Here's a song for you. Let's sing together.

A song Hokey Pokey.

【设计意图】借班上课，如何以学生感兴趣的方式最大限度地消除师生之间的陌生感，让学生积极参与到课堂活动中？一首动作有趣、旋律轻快的英文儿歌非常有效。在唱唱跳跳的过程中，老师走到学生中间，以亲切的笑容、大方而俏皮的动作带领全班学生，很快就让学生有了轻松的心情，并在不知不觉中复习了旧知识，为新课的学习做好铺垫。

T：I am new here. I want to know you well and I want to make friends with you. Hello，what's your name? Nice to meet you. I like playing ping-pong. Do you like playing ping-pong? Let's be friends，OK?（过去和学生握握手或搭一下肩膀）

【设计意图】和几位学生打招呼，在谈话中运用旧知识，达到以旧引新的目的，引出新词friend。

板书，拼读。

T：Look，here come our good friends. They are doing funny exercises. Let's do together.

（Let's do U6 of Book 2）

Tall, tall, tall! Make yourself tall. Big, big, big! Make your eyes big. Long, long, long! Make your arms long. Short, short, short! Make yourself short. Small, small, small! Make your eyes small. Short, short, short! Make your arms short.

【设计意图】让学生看着课件随节拍动起来，活跃课堂气氛，温故而知新，为下一步的学习做好铺垫。

Presentation and practice

T：I have many friends. Some of them are my good friends. Guess. Who are my good friends？The first one is a girl. She has long black hair. She has two big eyes and a small nose. Who's she？The second one is a boy. He has short black hair and two small eyes. He wears glasses. Who's he？

（PPT呈现一张合照，让学生根据老师的描述和身体语言猜测哪两个人是老师的好朋友，让学生整体感知新语言）

引出新词 long hair，short hair，has，glasses 以及句子 He wears glasses.

【设计意图】考虑到long hair、short hair是旧词新组合，在读音操练上花时间较少，可以把重点放在拼读上，为以后的书写和记单词做好铺垫。新呈现的句子则以本班学生的特征作为操练蓝本，直观而且与实际相结合，培养学生的分析能力和实用性思维。

PPT呈现另一张照片。

T：This is also my friend. What's she like？

（让学生运用所学的知识进行初步运用，并引出新词curly）

T：Does your mother have curly hair？ Ss：Yes. / No.

反应练习：1人做动作，其他人抢答。Group work.（对新知识做有趣的巩固练习）

【设计意图】每个新知识都遵循音、形、义的学习规律，并配有机械和实际操练，学生能循序渐进地掌握知识。

T：Do you remember my good friends Toto and Ben？What's Toto like？ What's Ben like？

【设计意图】让学生回忆并进行描述，培养学生实际运用的能力。

Development

T：Now，it's your turn to talk about your friend. First，please take out this paper and your picture. Then write something about your friend.

【设计意图】让学生有条理地用几句话描述自己的朋友有一定难度，因此让学生先用模仿的形式进行练习，选词填空。

T：Now，please read out the sentences by yourself. Then tell your group mates.

【设计意图】先自己读，再介绍给组员，循序渐进，能培养学生的自信心。

T：I want one of you to come here and introduce your friend to us. The others just listen and draw.

【设计意图】一位学生上台来介绍自己的朋友，其他同学画画，负责介绍的同学培养了口语表达能力和创新思维能力；负责画画的同学锻炼了听力、专注力、分析能力和动手能力。

Consolidation

Drawing for prizes.

T：You all did a very good job today. I want to give you some post cards. But I only have 3 post cards，so I have to draw for prizes. Let's see who the lucky dog will be. Before drawing for prizes，I want to invite two of you to be the lotteries.

共抽出公证员2名，幸运儿3名。每抽一个同学，都另请4个学生到讲台前，根据其他同学的描述猜出中奖同学是谁。

【设计意图】通过抽奖活动，本节课达到了高潮，学生在愉快的气氛运用所学知识，突破了本课的难点。

十一、课后反思

虽然是借班上课，但是我能用简洁的语言、丰富的表情和肢体语言与学生交流和沟通，指引学生轻松地学习。如What's he/she like？本节课的理念是简单、务实。每个教学步骤能做到一环扣一环，过渡自然流畅，大量的语言输入，使学生能有较好的输出，学生的听、说、读、写各方面能力得到有效的训练，能达到预定的教学目标。在复习和热身环节所选用的儿歌与童谣都是紧紧围绕本节课的知识点的，让学生习得语言。每次出现新的句子，我只是不断重复，让学生在语境中理解，而不需用中文去解释。对教材的整合与拓展也是这节课的一大亮点，体现了用教材而不是教教材。在这节课我还做了一个新的尝试，把听说读写的顺序做了调整：听读写说。因为写和说都是输出，实践证明，在有一定难度的学习材料中，学生写完后再说，能减少出错的机会，增强自信心。最后的抽奖部分是这节课的高潮部分，紧扣本节课的教学主题，体现了玩中用，是一节实实在在的课。曾有这么几句话：Tell me and I'll forget. Show me and I'll remember. Involve me and I'll learn. 本节课的设计旨在involve the students。

本节课还有些要注意的问题和改进的地方：在新授知识的操练上可以增加有趣的教学活动和形式，增加学生的学习兴趣。在情境的创设上还是比较单一，结束课的时候漏了做课堂小结。

十二、课例点评

需要指出的是，本节课是借班上课，教师以自己的教学智慧克服了许多诸如对学生情况不熟悉等困难，出色地完成了教学任务。

一方面，教师有着很好的教学基本功，语音清晰，教态自然，能了解学生的需要和喜爱，设计出形式多样的活动，如表演、相片描述、抽奖等，调动学生学习的积极性和主动性，使学生在轻松愉快的心情中循序渐进地完成了学习任务。另一方面，学生也表现出积极的态度，在教师的指引下，大胆而活跃，在高潮迭起的教学活动中不断输入和输出，顺利地完成了学习任务。

人教版PEP英语四年级下册 Unit 4 At the farm Let's talk & Let's learn教学设计

一、设计思路

课程标准强调从学生的学习兴趣、生活经验和认知水平出发，倡导体验、实践、参与、合作与交流的学习方式和任务型的教学途径，以发展学生对语言的综合运用能力。斯滕伯格的思维三元理论指出，只有合理运用三种思维教学策略，才能真正培养学生的分析性思维、创造性思维和实用性思维。

本单元的话题紧紧围绕"farm"这个主题展开，这节课笔者在"思维三元"六步教学模式的指导下，进行教学设计。①兴趣引文，启发思维。用PPT展示学生熟悉的市场里面的蔬菜，寻找蔬菜的出处，引出农场。②拓展词汇，激活思维。用歌曲复习和学习蔬菜与水果，激发学生的学习兴趣。③创设语境，连贯思维。去参观农场，分别参观蔬菜区和水果区。④真实对话，发展思维。全部以植物的花或苗的形式出现，让学生用本课的主要句型进行提问与回答。What are these? Are these...? Yes，they are. / No，they aren't. 培养学生在真实情境中运用语言的能力。同时科普蔬菜与水果的相关信息，并教育学生，吃当季的蔬菜与水果最有益健康。运用以事实为基础的问答策略，培养学生的实用性思维。⑤扩展情境，发散思维。创设更多的真实语境，如在超市的蔬菜区和水果区，食堂或餐桌上已经做好的菜肴等，让学生巩固运用新知识，学会用英语做事情。运用对话策略（以思维为基础的问答），培养学生的分析性思维和发散性思维。⑥设计作品，创新思维。

二、教学目标

1. 知识与能力目标：

（1）能够听、说、认读句型：Are these carrots? Yes，they are. / No，they aren't. What are these? They're tomatoes。

（2）能够在情境中运用句型What are these? They're...询问并回答各种蔬菜或动物的名称。

（3）能够在情境中运用句型They are so big/long/nice...描述物品特点。

2. 情感态度、文化意识、学习策略目标：

（1）了解不同植物的花径和果实的联系。

（2）通过学习蔬菜相关知识，培养学生合理饮食的良好习惯。

（3）在教学活动中创造性思维能力得以提升。

三、教学重难点

教学重点：

1. 能在真实的情境中运用Are these...? 进行提问，并做肯定或否定回答，以及What are these? They are...

2. 能够在语境中理解tomato、potato和carrot的意思与复数形式的发音。

教学难点：

1. these 的发音。

2. 名词复数及其读音规则。

四、教学准备

课件PPT、录音机、实物、蔬果贴纸、练习纸。

五、教学过程

Step 1. 兴趣引文，启发思维

用PPT展示学生熟悉的农场，或者市场里面的蔬菜，寻找蔬菜的出处，引出农场。

T：Where can you see vegetables?

Ss：At home.（in the supermarket，on the farm...）

Step 2. 拓展词汇，激活思维

T：Here's a song about fruit. Listen and name the fruit you hear.

Ss：Apples/bananas/pears/oranges/strawberries/watermelons/grapes...

【设计意图】从学生的兴趣出发，以儿歌作为听力练习材料，培养学生分析性思维，复习拓展水果的词汇，为后面的学习做铺垫。

T：Today，we are going to visit Macdonal's farm.（板书标题）In his farm，we can see fruit，vegetables and animals. If you can answer my questions，you can come to the blackboard and pick one of them.

Let's go!

【设计意图】运用思维教学中的对话策略，激发学生的学习兴趣，使他们的注意力高度集中，有效参与到课堂学习活动中。

Step 3. 创设语境，连贯思维

去参观农场，分别参观蔬菜区和水果区。

T：Here's the fruit garden. What's on the tree? （遮住果实）

What are these?

引导Ss：They are apples.

［板书What are these? They're... 并带读。］

［结合phonics教授these的发音］

（apples，oranges，grapes，bananas，pears，watermelons，strawberries）

Do you like pears? Why?

练习模式：T—Ss，Ss—T，Ss—T 老师问，学生答；学生问，老师答；学生问，学生答。

【设计意图】创设贴近学生生活的情境，让学生在熟悉的生活情境中学习和使用新语言知识，感受语言的得体应用。这种相对真实的情境创设有助于学生理解语言学习的本质在于交际和应用，同时培养学生的实用性思维。

Step 4. 真实对话，发展思维

T：Let's go to the vegetable land. Look here. （展示西红柿的花朵和叶子，如图2-2-3-3所示）What are these? Look at the blackboard.

Are these strawberries?

Are these_____?
Yes, they are.
No, they aren't.

tomatoes

Wow! They're so ___big___.

图2-2-3-3

Ss：No. /Yes.

［板书］Are these strawberries? Yes，they are. /No，they aren't.

【设计意图】展示西红柿的花朵和叶子，让学生猜测是哪一种蔬果，不仅创设了真实的语用环境，让学生真实自然地运用句型，还能拓展学生的生物常识，激发学生的学习兴趣。

T：What color are the tomatoes?

Ss：They're red.

T：So，they are...引导学生说red tomatoes

［带读］They're red tomatoes.

［板书+phonics教授 tomatoes］

Here are some tomatoes. Are they big?

Who wants to try some?

T：Try some. How do you feel?

Ss：Mmm...They're good！　（nice，yum，sweet）

【设计意图】学生现场品尝西红柿，并引导学生说出自己的真实感受，让学生在真实的情境中提高语用能力，表达自我，增强自信心。

T：What can we cook with tomatoes?

Ss：Tomato juice.

（tomato with eggs，tomato pizza，tomato with beef，tomato hamburger，tomato sandwich，tomato salad...）

T：Very good！We can cook many foods with tomatoes. We should eat more vegetables. They're good for your health（图2-2-3-4）.

图2-2-3-4

【设计意图】通过思维教学中的对话策略，引导学生谈论自己烹饪西红柿的经验，与劳动相结合，让学生在不知不觉中操练了tomato的单词，培养学生的实用性思维。

T：Are these potatoes?

Ss：Yes，they are！

【设计意图】展示蔬果的叶子和根茎，让学生在真实的语境中操练重点句型（图2-2-3-5）。

Are these...?

Yes, they are. / No, they aren't.

图2-2-3-5

引导学生提问S：Are these carrots?

引出green beans，onions。

Step 5.扩展情境，发散思维

Group work：A guessing game.

Play a guessing game with the cards you have got. If you got the right answer，you can get the card. Let's see who got the most cards.

Sentence bank：Are these...?

【设计意图】学生通过在小组中用单词卡和运用句子进行游戏，在游戏中进一步理解和操练重点句型。

课文文本：

（1）Pair work

T：Chen Jie and Mike are at the farm，too. What are they talking about?

鼓励学生发挥想象。

（2）Listen and choose. What colour are the tomatoes?

【设计意图】听录音前先看图片然后对文本内容进行预测，锻炼学生的联想能力和预判能力。通过解决问题梳理文本内容，加深学生对What are these？They're... Are these...? 语用功能的理解，培养了学生的分析能力。

Listen and imitate.

Role play.

【设计意图】通过小组表演活动，加深学生对对话语境的理解，并提升学生的合作学习能力。

Step 6.设计作品，创新思维

T：If you have your own farm，what would you plant？Please design your own farm，and then，show us.

【设计意图】通过完成练习纸及口头表达活动，发展学生的口头表达及文本写作能力（图2-2-3-6）。

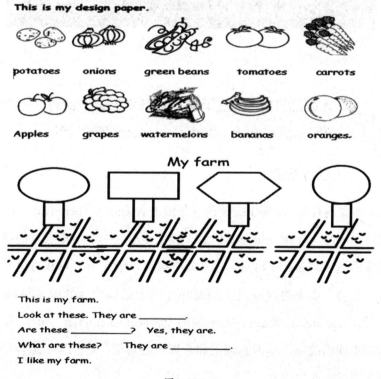

图2-2-3-6

Homework

1. Act out the dialogue.

2. Share your design with your parents or friends.

六、板书设计

人教版PEP英语五年级上册 Unit 5 第一课时
There is a dark，dark classroom 教学设计

一、设计思路

本课内容是人教版PEP英语五年级上册 Unit 5 There is a big bed 的第一课时。仔细分析教材以后，确定本单元的学习重点是能够在情境中运用There be句型描述某处有某物，因此笔者对教材内容进行了整合。本课时内容包括A和B两个部分的Let's talk的主句There is...和There are...以及Let's learn 的两个新词clock和water bottle。通过学习本课的故事，学习新词汇和掌握核心句型，培养学生综合运用语言进行表达的能力。

二、学情分析

本课的教学对象是五年级学生，本节课是调教课，师生之间没有默契，学生进入学习的最佳状态需要老师在正式上课之前通过各种有效的方式调动起来。学生在三、四年级已经学习了相对位置介词in、on、under、near以及教室物品的词汇，如classroom、computer、lights、desk、chair、blackboard、floor、teacher's desk、wall，fan，window，door等，学生具有结合相对位置介词表达物品位置的能力，如 "The English book is on the desk"。但运用There be...句型对事物进行描述是一种新尝试，只能简单说一两句。学生活泼好动，学习积极性高，接受知识快，表现欲强。

三、教学目标

1. 知识目标：

（1）New words：clock，water bottle

New drills：There is a ...in.../There are...in...

（2）能够理解故事大意，按照正确的语音、语调朗读故事，并进行角色扮演。

（3）能够在情境中运用There is...，There are...描述某处有某物，并能运用句型改编故事结局，以小组协作的形式表演新的故事。

2. 情感态度与文化意识目标：

（1）能够养成及时整理个人物品的习惯。

（2）能够保持校园以及家居环境整洁。

（3）学会小组合作，与他人交流。

四、教学重难点

教学重点：

掌握句型There is a/an...、There are...，能够结合三个已学过的方位介词in、on、near在情境中运用There be句型描述某处有某物，以及运用句型进行故事改编。

教学难点：

1. "there"的读音，区别已学过的"they"的读音。

2. 区分There is a/an...与There are...的用法。

3. 方位介词结合There be描述某处有某物的运用。

五、教学准备

图片，练习纸，课件。

六、教学过程

教学过程见表2-2-3-5。

表2-2-3-5

Teaching procedures	Teacher's activities	Students' activities	Teaching purposes
Warm-up	Games 快速反应	听指令快速反应做出相应的动作	活跃课堂气氛，激活学生已学的知识，激活学生思维，让学生以游戏的方式进入课堂
Lead-in	Free talk（talk about the classroom）让学生观察教室里的摆设，通过谈话的形式复习	学生观察教室并用新句型做描述。There is a/an...in	通过使用以事实为基础的策略（fact-based questioning approach）进行问

続 表

Teaching procedures	Teacher's activities	Students' activities	Teaching purposes
Lead-in	已学习的关于教室物品以及摆设的词汇，在对话中引入新句型	the classroom. There are…in the classroom.	答，激活学生已有背景知识，让学生感知本课语言知识和句型，温故而知新，为新课的教授做铺垫
	评论教室，教育学生保持校园整洁	学生评论教室环境	培养学生良好的个人行为习惯
Presentation & Practice	Listen and guess PPT呈现黑暗教室，通过视觉、听觉等多种形式引入问题，教授新词和巩固句型的运用，从词到句，从句到篇，呈现整个故事，进行语篇教学	学生听音猜物品，运用句型描述。There is a/an…in the classroom. There are…in the classroom.	通过以思维为基础的问答策略（thinking-based questioning approach）进行提问，刺激学生的思维与讨论，培养学生思维能力，激发学生的创新思维，大量增加师生间的互动，从而让学生在语篇中进一步理解本课核心句型
	Look and guess 看图猜结局	学生观察图片的一部分并猜故事结局	在这一环节中，通过观察不完整的图片进行猜测，增强教学趣味性，开阔学生思维，培养学生洞察性思维，从部分推理整体，在语境中进一步理解本课核心句型，培养学生独立思考的能力

续 表

Teaching procedures	Teacher's activities	Students' activities	Teaching purposes
Consolidation & Follow up	Listen and choose(group work) 听故事选择正确的图片	学生听故事快速选择对应的图片	培养学生的合作意识和能力，发展高阶思维，培养观察、比对、分析的能力
	Listen，read and act 边听故事边跟读边表演动作	学生听、跟读故事，演出所听到的物品以及故事情节	听音训练，跟读模仿，促进学生对故事的理解，培养学生良好的语音意识，培养学生快速反应和表演的能力
	Show the picture of the dark classroom. 呈现黑暗教室图片，还原场景	观看图片	呈现教室图片，让故事完整化，图文结合
	Make a new ending of the story. 改编故事结局。 （1）Write your new ending. 为故事写新的结局。 （2）Read the new ending by yourself. 个人朗读新的故事结局。 （3）Share your ending to your group mates from No. 1 to No. 6（group work）. 小组活动：按照1~6号顺序分享故事新结局	学生改编故事结局、朗读改编故事结局、小组分享改编故事结局、表演改编的故事	拓展学生的创造性思维，让学生在原故事的基础上改编结局，创作一个新的故事文本，在创新之余不忘分享学习中获得的乐趣，并根据个人的喜好对小组表演进行评价，体现了评价的公平性与创新性

Teaching procedures	Teacher's activities	Students' activities	Teaching purposes
Consolidation & Follow up	Choose your favourite ending and then act out the story together 小组推选最佳结局并一起表演		
	Summary 总结	学生回忆课堂所学知识	帮助学生整理课堂学习内容，厘清思路
Homework	Share your stories with your parents or your friends. 与父母或朋友分享改写的故事		
Blackboard design			

Unit 5 第一课时

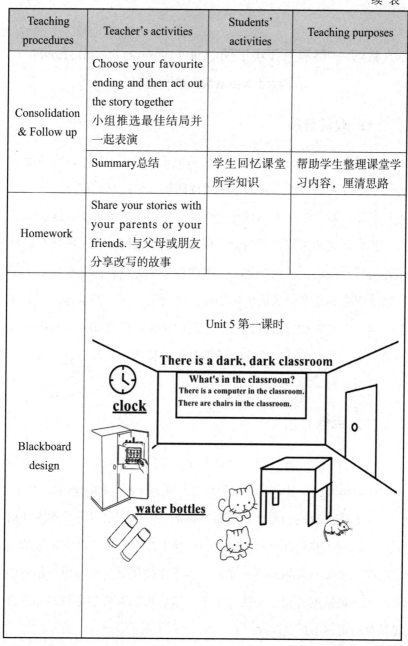

人教版PEP英语五年级下册 Unit 4 When is the art show?
Read and write 教学设计

一、教材分析

本课内容是Sarah的四篇关于小猫成长的日记，教学内容可以分为三个部分：第一部分要求学生阅读四篇日记；第二部分为朗读和连线活动，要求学生将小猫出生后的变化与相应的日期连线；第三部分为有意义的仿写句子活动，要求学生根据短文或连线题正确规范地仿写有关小猫的两个句子。本课以小猫为例，向学生展示了小动物从出生到逐渐长大的生命历程，渗透生命和亲情教育。本节课教学重点在于阅读方法的指导、表达的训练，以及如何从文中获取有效信息。通过学习，学生能了解日记的格式，并模仿着写日记，记录有意义的事情。

二、学情分析

1. 学生在学习本课前，已经有了一定的知识储备，如一些食物和动物的单词，并且学习了相关句型：They are .../ They can ...

2. 本课内容应该是比较容易掌握的，学生能通过图片预测和猜测故事内容，并且进行简单的小组合作。难点一在于文中出现的一些生词，如dairy/kittens等；难点二是学生要根据生活知识，创造性地写出一篇新的日记，并演绎出来，这点可能需要学生具有创造性思维及一定的小组合作能力。

三、教学目标

1. 知识与能力目标：

（1）能够在语境中理解生词 kitten、diary、fur、still 和短语 make noises 等的意思。

（2）能读懂并理解日记，能按意群正确地朗读日记。

（3）能根据图片想象，在阅读中尝试捕捉关键词，寻找答案。

（4）能在学习过程中感受日记的格式及表达方法，完成个性化的书写活动。

2. 情感态度与学习策略目标：

（1）激发学生的英语学习兴趣，培养学生良好的英语学习习惯。

（2）能理解小猫咪的成长过程，进而了解更多动植物的成长，增长见识。

四、教学重难点

教学重点：读懂 Sarah 的日记；阅读和表达策略的培养。

教学难点：对动物、植物从出生到逐渐长大的生命历程有一定的背景了解。

五、教具准备

PPT，flash cards，video

六、教学流程

教学流程如图2-2-3-7所示。

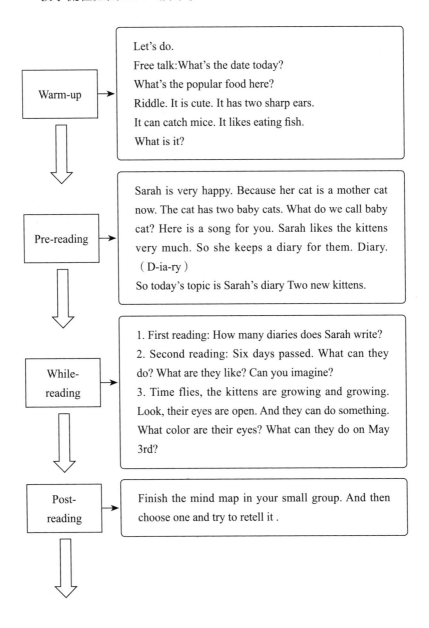

Warm-up

Let's do.

Free talk: What's the date today?

What's the popular food here?

Riddle. It is cute. It has two sharp ears.

It can catch mice. It likes eating fish.

What is it?

Pre-reading

Sarah is very happy. Because her cat is a mother cat now. The cat has two baby cats. What do we call baby cat? Here is a song for you. Sarah likes the kittens very much. So she keeps a diary for them. Diary. （D-ia-ry）

So today's topic is Sarah's diary Two new kittens.

While-reading

1. First reading: How many diaries does Sarah write?

2. Second reading: Six days passed. What can they do? What are they like? Can you imagine?

3. Time flies, the kittens are growing and growing. Look, their eyes are open. And they can do something. What color are their eyes? What can they do on May 3rd?

Post-reading

Finish the mind map in your small group. And then choose one and try to retell it .

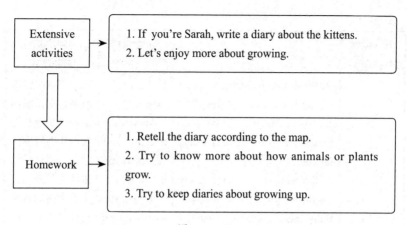

| Extensive activities | 1. If you're Sarah, write a diary about the kittens.
2. Let's enjoy more about growing. |

| Homework | 1. Retell the diary according to the map.
2. Try to know more about how animals or plants grow.
3. Try to keep diaries about growing up. |

图2-2-3-7

七、教学过程

教学过程见表2-2-3-6。

表2-2-3-6

Teaching procedures	Teacher's activities	Students' activities	Teaching purposes
Step 1 Warming-up	Free talk. 1. What's the date today? 2. T: I am new here. I like eating very much. What's the popular food here? 3. Look at the hen, what is it like? Do you raise hens in your home? 4. I raise animals in my home, but not a hen, what is it? Guess! Here's a riddle. It is cute. It has two sharp ears. It can catch mice. It likes eating fish. What is it? Bingo! I like animals. My friend Sarah likes animals, too. She has a cat, too.	1. S: It's ... 2. The popular food is ... 3. S: It's ... 4. S: It's a cat!	异地上课, 通过谈论本土的特色食物, 从学生熟悉的生活场景引入, 拉近师生关系, 学生乐于参与。该环节运用了思维教学中的对话策略, 培养学生运用已知知识进一步结合主题进行思考的能力

续　表

Teaching procedures	Teacher's activities	Students' activities	Teaching purposes
Step 2 Pre-reading	1. Sarah is very happy. Because her cat is a mother cat now. The cat has two baby cats. What do we cali baby cat? Here is a song for you. 2. Do you remember? Baby cat means kitten.（k-i-tt-e-n）Baby cats are kittens.（kitchen seven student） 3. Sarah likes the kittens very much. So she keeps a diary for them. Do you know diary? Look at the screen. Is it a letter? Is it an e-mail? It's a diary.（D-ia-ry） So today's topic is Sarah's diary Two new kittens.	1. Enjoy the song. 2. Answer the question and learn some new words. 3. Learn the new word "dairy".	以一首歌曲引出新词，并拓展词汇，让学生在轻松愉快的氛围中学习。通过自然拼读法教新词，培养学生的自然拼读能力
Step 3 While-reading	1. How many diaries does Sarah write? 2. Let's read the first diary. What's the date? What are they like? What can/can't they do? You can circle the key words and sentences. 3. still：will hill story student study 4. Listen and imitate. 5. Imagine：After six days, what can they do? What are they like? 6. T：What color are they now?	1. Read the diary quickly. Finish the exercises on P43. 2. Read and answer Circle the key words. 3. Learn the new word "still". 4. Listen and imitate.	运用思维教学中的对话策略和以事实为基础的问答策略，引导学生对课本已有的知识进行重构和深化，进而使学生对知识的学习有质的变化。以问题链的形式推进对Sarah日记的学习，并引导

Teaching procedures	Teacher's activities	Students' activities	Teaching purposes
Step 3 While-reading	7. And they have white fur. （nurse fur） T：Animals have fur. But we have hair. Look at the animals. Zip has red fur. Zoom has brown fur. The panda has black and white fur. 8. T：What can they do? They make noises. Do you know how kittens make noises? Let me show you. When do they make noises? When they are hungry. Where can't we make noises? Don't make any noise in the library（class）. Read after the tape. Pay attention to the pronunciation. Time flies, the kittens are growing and growing. Look, their eyes are open. And they can do something. What color are their eyes? What can they do on May 3rd?	5. Read the second diary and answer. 6. They are white now. 7. Learn the new word "fur".	学生完成思维导图上的空格，学会抓住关键词
	Here are Sarah's diaries about her kittens. Please take out your paper, finish the mind map in your small group. And then choose one and try to retell it .	Finish the mind map in groups and try to retell.	设计小组活动，培养学生的合作意识，完成思维导图，培养学生的实际运用能力

续 表

Teaching procedures	Teacher's activities	Students' activities	Teaching purposes
Step 4 Extension	1. T：They grow fast. I think they can run someday. Look at the calendar. What's the date? It's June 15th. They are three months old. What are they like on June 15th? Are they big or small? What can they do? If you're Sarah，write a diary about the kittens. Please take your paper. First，discuss in your small group. Then write a diary together. At last，try to read it. You can use the tips on our paper. 2. T：You all did a good job! Let's enjoy more about growing. This is my diary about my dog. This is Wu Binbin's diary about a plant.	1. Finish the work sheet. 2．Know more about growing.	先进行小组讨论，再完成个性化写作练习。通过学生之间的大量互动刺激学生的思维和讨论，从而培养学生的创新思维
Step 5 Homework	必做：1. Retell the diary according to the map. （根据思维导图，复述本篇日记） 选做：1. Try to know more about how animals or plants grow. （小兔、蚕宝宝或花生等） 2. Try to keep diaries about growing up. （尝试去写成长日记）		
Blackboard design			

教科版英语四年级上册Module 2 My house Unit 4 I live in a big house（第一课时）Let's talk教学设计

一、教材分析

本节课是Model 2 Unit 4 的第一课时，学生在前面三个单元中已学习一些关于卧室及摆设类的单词、There be 句型及其疑问句的问答。本课时的主要学习任务是学生能够围绕My house 的话题，继续学习相关单词及相关的动词短语，理解并应用句型，尝试连贯表达，在话题教学模式下逐步达到教学目标。

二、学情分析

学生经过三年的学习，有了一定的英语基础，对英语学习有较浓厚的兴趣，能积极配合教师参与课堂活动。根据儿童心理发展的规律，四年级孩子思维活跃，精力旺盛，但课堂自控能力较弱。因此，在教学中通过生动的歌曲、情境创设等方法帮助学生集中注意力，让学生在话题教学模式下掌握教学内容。

三、教学目标

1. 语言知识目标：

（1）能够听、说、认读单词：live；

（2）能够运用句型并连贯表达：I live in... It has... I like to...

2. 语言技能目标：能在话题教学模式下运用所学的句型连贯表达。

3. 学习策略目标：能在真实有趣的情境氛围中说英语。

4. 情感态度目标：

（1）通过本节课的学习，能够积极参与课堂教学活动，能够运用英语进行交际，增强学习英语的兴趣和自信心。

（2）引导学生要爱自己的家。

5. 文化意识目标：通过师生交流各自住所的情况，学会爱家。

四、教学重难点

运用句型连贯表达。

五、教学策略

充分利用歌曲、图片等资源进行句型的教学，寓教于乐，引导学生运用所学句型连贯表达。

六、教学准备

本课题围绕广东省教育科学"十二五"规划课题——"小学英语RLPR话题教学模式研究"进行设计，意图体现"小学英语RLPR话题教学模式"的四个环节：引起关注（Raise concern）—学习新知（Learn）—准备发表（Prepare to report）—发表汇报（Report），从而促进学生综合语言运用能力的提高。

七、教学过程

Raise concern

1. Review some words about the rooms.

2. Talk about the room that the teacher lives in Guangzhou.

Sentence pattern：There is / are...

【设计意图】通过游戏形式复习已学过的单词，通过引导学生用已学过的句型There be...谈论老师在广州学习时的住所，激发学生的学习兴趣，为新知识的学习做好铺垫。

Learn

1. Talk about the big house.

2. Listen and answer（P20）

（1）Janet lives in a _____.

（2）Ben lives in a _____.

（3）Ben likes to _____.

（4）Janet likes to play in the _____.

3. Listen and follow.

4. Read and write.

Janet lives in a _____. The garden is very_____. She likes to _____ here after school. Ben lives in a _____ _____. It has three_____ and a large _____. He likes to _____ _____ _____ there.

【设计意图】通过展示教师自家的住所图，进行教学内容设计。展示外观，激发学生表达家居的摆设、空间布局等，引导学生建构英语语言知识和空间思维想象能力。通过看课文视频回答问题，培养学生听和理解的能力。通过让学生阅读文本进行填空，培养学生综合运用语言的能力。

Prepare to report

1. Show us your home（图2-2-3-8）.

Show us your home.

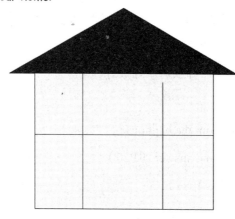

图2-2-3-8

I live in a _____.（flat/house）

It's _____.（big/small/clean/beautiful/large）

It has a _____, a _____ and _____.

I love my home!

【设计意图】通过让学生填自己的住所设计，写上相关描述，为后面的输出做准备。

Report

Introduce your home to your classmates.

【设计意图】让学生向全班同学介绍自己的住所，培养学生整体表述的能力。

八、教学反思

有待提高的地方：①复习词汇，训练句型。②教学设计需要系统思考，摆脱突兀的课堂情境转换。③研讨词汇应用的精准度。④要注意视频学习与跟读相结合的弊端，因为师生注意力的互动性较弱。⑤建议自己提供图片，结合课本的句型进行听说训练。⑥增加小组合作交流，有足够的语言听说交流之后，学生生成性的输出就有保障。⑦要把握好教材的处理定位，新授课需要从话题切入。要由易到难，单元第一课时需要有足够的英语听说训练之后再进行第二课时的英语读写活动。

Peter's Day教学案例

一、教学年级

五年级。

二、教学目标

1. 理解材料大意。

2. 懂得材料中部分新词的意思。

3. 能根据补充材料设计一份健康的作息时间表。

三、教学步骤

I. Pre-reading

1. A song *This is the way we wash our face*

【设计意图】通过歌曲，既可舒缓学生情绪，又可为新课的呈现做铺垫。

2. Free talk.

（1）T：That's the way the little boy washes his face. How do you wash your face? Can you show me? 从学生的动作中引出 funny。

（2）T：When do you wash your face? What time do you get up? Do you get up at... from Monday to Friday? That means usually you get up at...

Do you play sports after school? Usually I play badminton from 6：30pm to 8：30 pm with my friends. That means 2 hours.

【设计意图】从对话中引入新单词，为学生学习后面的材料扫清语言障碍。

II. While-reading

1. First-reading

（1）T：Usually I play badminton with my friends. One of them is Peter. I am a teacher. Do you think Peter is a teacher, too? Now, I will show you his daily life. Can you guess what his job is?

教师描述故事，七位学生分别演绎（课前准备好）。

【设计意图】以有声演绎的方式呈现新内容，帮助学生理解，活跃课堂气氛，带出新词 tired（通过表情）和news（通过报纸）。

（2）T：What's his job? （singer，artist，musician）

2. Second-reading

T：Here's the passage about Peter's daily life. Please read it and know more about him. Then do the exercises. Tick or cross.

Check

【设计意图】通过练习，检测学生对文本的理解。结合学生的认知水平，考虑到如果材料中新词太多的话，学生难以朗读，所以没有设计带读这一环节。

III. Post-reading

T：Is Peter a hard-working man? How do you know?

Is Peter a happy man？ How do you know？

Please read it again and find out the answers. Group work.

【设计意图】精读材料，教给学生阅读技巧，找出对应句子，培养学生的分析性思维。

IV. Consolidation

1．T：I have another friend Tom. He feels sick. What's wrong with him？ Here's his daily life.（paper）Please find out what he does every day. Finish this form in 2 minutes.

【设计意图】渗透阅读策略—— scanning。

2．T：He goes to bed at 4：00 in the morning. Is it good？

He talks with his QQ friends 6 hours a day. Is it good？

Can you help him？ Make a good timetable for Tom after class.

【设计意图】引导学生通过分析，判断什么样的作息安排是健康合理的。

V. Summary

T：Today we have talked about Peter's and Tom's days. From the passages，we know that if you have a good time table，you'll have a good body.

VI. Homework

Make a good timetable for Tom

【设计意图】让学生帮助Tom重新设计一份健康合理的做事时间表，培养学生的分析性、实用性和创造性思维。

附：

Peter's Day

Peter works very long hours. He usually gets up at 17：00. He has a shower and makes his breakfast. What a funny time to make breakfast! After breakfast he practices his guitar, then he puts on his jacket and goes to work. He drives his car to the Music Theater at 19：15. He works all night. People love to listen to him! He gets home at 7：00, and he watches the early morning news on TV. He goes to bed at 8：30, a tired but happy man. Can you think what his job is?

Tick or cross（√ or ×）

1. Peter usually gets up at 7：00.（　　）

2. He practices his guitar after breakfast.（　　）

3. He watches the cartoons（卡通片）in the morning.（　　）

Tom's Day

Tom wakes up at 12：00 noon. He only has lunch, but no breakfast. He likes chicken and meat. He doesn't like vegetables. At 14：00, he goes to the Movie Theater and sees a movie. At 16：00, he plays computer games with his friends. At 20：00, he eats dinner. At night, he surfs the internet and talks with his QQ friends. He has many QQ friends, so he talks from 21：00 to 3：00 in the morning. He goes to bed at 4：00.

Finish the form according to the passage（根据文章填表，即表 2-2-3-7）。

表2-2-3-7

Time	Activities
12：00	gets up

Make a good timetable for Tom（请为Tom设计一份健康的时间表，即表2-2-3-8）。

表2-2-3-8

Time	Activities
12：00	gets up

（本课例获广东省课例展示一等奖。）

参考文献

［1］李璐.角色扮演教学在小学英语课堂中的价值及应用［J］.中学生英语，2024（4）：141-142.

［2］刘珊颖.教师热情、课堂环境与中国小学英语学习者学业情绪的关系研究［J］.教育进展，2024（2）：1872-1879.

［3］李昌宁.教学评一体化在小学英语课堂的构建研究［J］.启迪与智慧（下），2024（2）：82-83.

［4］徐艳.小学英语课堂渗透德育的路径探究［J］.教育实践与研究，2024（1）：19-21.

［5］黄芸.“单元育人蓝图”视域下的小学英语“和合”课堂构建［J］.英语教师，2024（1）：62-67.

［6］谢芳芳.多元化评价在小学英语课堂教学中的运用策略［J］.启迪与智慧（下），2024（2）：96-98.

［7］陈鸥.整合资源优化小学英语课堂教学的实践探究［J］.中文科技期刊数据库（全文版）教育科学，2024（2）：173-176.

［8］尹爱林.探索与实践新课标引领下小学英语教育的育人观念：以小学英语教材与绘本融合的课堂教学实践为例［J］.英语学习，2024（2）：55-58.

［9］贾汝贺.英文动画电影在小学英语课堂教学的应用［J］.中文科技期刊数据库（全文版）教育科学，2024（1）：170-173.

［10］黄陈婷.小学英语和信息技术教学整合的重要价值与实施策略［J］.中文科技期刊数据库（引文版）教育科学，2024（2）：73-76.

［11］龚敏莉，唐凤妮.多模态视域下"以图释文"策略在小学英语语篇学习的实证研究［J］.教育信息技术，2024（1）：131-135.

［12］刘春利，应慧.概念语法隐喻视角下的科技英语语篇翻译研究［J］.现代语言学，2024（3）：324-331.

［13］彭瑞诗.在小学英语语篇教学中巧设问题培养学生思维品质［J］.亚太教育，2024（4）：115-117.

［14］姜雨萌.指向深度学习的小学英语语篇教学实践［J］.课堂内外（高中版），2024（3）：72-73.

［15］林琳.指向高阶思维发展的小学英语教学路径［J］.亚太教育，2024（4）：10-12.

［16］魏荣君.运用信息技术 培养创新思维：以小学英语教学为例［J］.名师在线，2023（5）：79-81.

［17］程晓堂.义务教育课程标准（2022年版）课例式解读小学英语［M］.北京：教育科学出版社，2022.

［18］迪克·W，凯瑞·L，凯瑞·J.系统化教学设计［M］.6版.庞国维，等译.上海：华东师范大学出版社，2007：15-16.

［19］格兰特·威金斯，杰伊·麦克泰格.追求理解的教学设计［M］.上海：华东师范大学出版社，2016.

［20］胡定荣.教材分析：要素、关系和组织原理［J］.课程·教材·教法，2013（2）：17-22.

［21］教育部基础教育司.新课程与学生评价改革［M］.北京：高

等教育出版社，2004.

［22］林崇德. 中国学生核心素养研究［J］. 心理与行为研究，2017，15（2）：145-154.

［23］梅德明，王蔷. 普通高中英语课程标准（2017年版）解读［M］. 北京：高等教育出版社，2018.

［24］特雷西K. 希尔. 设计与运用表现性任务：促进学生学习与评估［M］. 杜丹丹，杭秀，译. 福州：福建教育出版社，2019.

［25］王立霞. 小学英语教学评一体化的实践探究［J］. 教育观察，2019，8（25）：46-47.

［26］王蔷. 新版课程标准解析与教学指导（2022年版）小学英语［M］. 北京：北京师范大学出版社，2022.

［27］杨向东，崔允漷. 课堂评价：促进学生的学习和发展［M］. 上海：华东师范大学出版社，2012.

［28］中华人民共和国教育部. 义务教育英语课程标准（2022年版）［M］. 北京：北京师范大学出版社，2022.

［29］朱浦. 单元整体教学的设计［M］. 上海：上海教育出版社，2020.

［30］周文叶. 中小学表现性评价的理论与技术［M］. 上海：华东师范大学出版社，2014.

［31］钟启泉. 基于核心素养的课程发展：挑战与课题［J］. 全球教育展望，2016，45（1）：3-25.